gong.conects.com

김신 | 편저

# 2024
# 김신 교육학
# 국가직 동형
# 모의고사

## 최근 15년 교육학 기출문제 분석

PASS
ONE TOP

https://hmstory.kr

# 머릿말

지금까지

본 시험을 위해 한걸음 한걸음 정진해 오신
수험생 여러분에게 진심어린 응원을 보내드립니다.


이번 모의고사를 통해
수험생 여러분께서 공부해 오신 교육학의 개념들이
통합되어 구성될 수 있도록
최신 최고의 문제를 구성하도록 최선을 다하였습니다.


본 모의고사를 통해
시험 당일 자신있게 한 문제 한 문제 풀 수 있으시길 기원하며
여러분의 합격을 응원하겠습니다.

김 신 올림

# 목 차

# 모의고사 기획의도

**1.** 2024 국가직 시험 대비

**2.** 2024 지방직 시험을 위한 핵심 기본 문제 구성

으로 구성되어 있으며


본 교재는

2024년 국가직 시험 대비는 물론

2024년 지방직 시험 합격을 위한 기본 과정으로 구성하였습니다.

최근 15년 교육학 기출문제 분석

**2024 김신 교육학 국가직 동형 모의고사**

# 문제 1~15회

**1.** 다음 내용 중 옳은 것을 모두 묶으면?

> ㄱ. 교과중심 교육과정은 인류가 축적한 문화유
> 산을 체계화한 지식을 중심으로 교육과정을
> 설계한다.
> ㄴ. 경험중심 교육과정은 학생 흥미를 고려하여
> 철저히 사전에 계획하여 제공한다.
> ㄷ. 나선형 교육과정은 학문의 공통된 내용을 수
> 준을 달리하여 지식의 형식을 강조한다.
> ㄹ. 인간중심교육과정은 교육을 삶 그 자체로 간
> 주하고 학생의 정서를 중시한다.

① ㄱ, ㄴ
② ㄱ, ㄹ
③ ㄱ, ㄷ, ㄹ
④ ㄱ, ㄴ, ㄷ, ㄹ

**2.** 다음 진술문 중 잠재적 교육과정에 해당하지 않는 것은?

① 학생들이 은연중에 배우게 되는 경험된 교육과정이다.
② 주로 정의적인 영역이나 학교풍토와 관련된다.
③ 당연히 발생해야 할 학습경험이 학교의 의도 때문에 일어나지 않은 것이다.
④ 군집, 평가 등이 학생의 삶에 미치는 영향과 관련된 교육과정이다.

**3.** 피아제(J. Piaget)는 인지발달이론에서 "인간은 적응을 위해 새로운 경험과 도식을 서로 조정한다"라고 하였다. 다음의 예와 피아제가 제시한 적응의 유형이 옳게 짝지어진 것은?

> (가) '네 발로 다니는 동물은 멍멍이다.'라는 도
> 식을 가진 아이는 공원에서 본 고양이를 가
> 리키며 '멍멍이'라고 외친다.
> (나) 네 발로 다니면서 멍멍 짖어야만 '멍멍이'
> 다 라고 기존의 도식을 수정한다.

|   | (가) | (나) |
|---|------|------|
| ① | 탈중심화 | 중심화 |
| ② | 조절 | 동화 |
| ③ | 중심화 | 탈중심화 |
| ④ | 동화 | 조절 |

**4.** 행동주의 학습이론에 대한 설명으로 옳지 않은 것은?

① 환경은 학습자의 행동에 영향을 끼치는 변인이다.
② 선천적 능력의 차이가 개인차를 만든다는 결정론적 시각이다.
③ 바람직한 행동뿐만 아니라 부적응 행동도 학습의 결과이다.
④ 학습은 외현적 행동으로 나타나기 때문에 과학적 연구가 가능하다.

**5.** 학교교육에서 생활지도의 기본 원리로 옳지 않은 것은?

① 문제유발 가능성이 없는 학생은 대상에 포함되지 않는다.
② 학교 교육과정과 통합될 필요가 있다.
③ 1회성이 아닌 연속적인 과정으로 지도한다.
④ 교정이나 처벌보다 사전예방과 지도 및 선도에 중점을 둔다.

**6.** 브루너(J. Bruner)의 발견학습이론에 근거한 교사의 행동으로 가장 거리가 먼 것은?

① 외재적 보상보다 내재적 보상을 강조한다.
② 학습자의 능동적인 학습을 통해 새로운 지식을 구성하는 것을 강조한다.
③ 교수-학습의 과정에서 지식습득의 결과보다는 과정을 중시한다.
④ 기본적 원리나 개념의 이해를 통해 전이의 가능성을 최대로 한다.

**7.** 수업을 설계할 때 학업성취도 평가문항을 개발할 단계는?

① 수행목표 선정 다음
② 수업 및 학습자 분석 다음
③ 수업이 끝난 후
④ 평가 실시 직전

**8.** 규준참조평가(norm-referenced evaluation)와 비교할 때, 준거참조평가(criterion-referenced evaluation)의 특징으로 가장 옳은 것은?

① 정규분포곡선과 표준점수를 기초로 한다.
② 선발적 교육관보다는 발달적 교육관에 근거한다.
③ 검사도구의 타당도보다는 신뢰도와 문항곤란도를 중시한다.
④ 학생들 사이의 개인차를 강조함으로써 경쟁심을 조장할 수 있다.

**9.** 다음 질문에 근거해서 판단하고자 하는 타당도로 가장 적합한 것은?

> • 검사가 원래 의도한 것을 측정했는가?
> • 검사가 학생들의 학습 동기 유발에 효과가 있었는가?
> • 검사가 교수 학습 방법에 긍정적 변화를 유도했는가?

① 예언타당도  ② 공인타당도
③ 구인타당도  ④ 결과타당도

**10.** 다음 <보기>는 무엇에 대한 설명인가?

> <보기>
> 교육행정은 의회나 행정부에서 규정한 법에 따라 법을 정확하게 집행하는 행정작용이다.

① 협동적 행정
② 교육에 관한 행정
③ 교육을 위한 행정
④ 수단적·봉사적 행정

**11.** 교육은 정치적 파당으로서 중립해야 하고 교육은 분리·독립하는 교육자치의 원리는?

① 지방분권의 원리
② 기회균등의 원리
③ 자주성 존중의 원리
④ 전문직 관리의 원리

**12.** 아래의 내용에 해당하는 이론은?

> • 선천적으로 일을 싫어하지 않고 자신이 알아서 일을 찾아서 하며, 비교적 높은 수준의 상상력과 창의력을 행사할 수 있는 상태

① 허즈버그(Herzberg)의 위생요인
② 알데퍼(Alderfer)의 ERG이론
③ 아지리스(Argyris)의 성숙·미성숙이론
④ 맥그리거(McGregor)의 X-Y이론

**13.** 교직관의 유형 중 전문직관에 대한 설명은 어느 것인가?

① 무한한 변화와 발전가능성을 지니고 있는 아동의 인격형성을 돕는 일을 주기능으로 하며, 단편적인 이론이나 지식보다는 사람다운 사람을 길러내야 한다.
② 주어진 시간에 노동을 제공함으로써 그에 상응하는 보상을 받으며 근무조건 향상을 위해서 실리저인 주장을 행동으로 옮길 수 있다.
③ 고도의 윤리성과 책임성을 강조하며 계속적인 연찬과 봉사지향성을 갖출 것을 강조한다.
④ 끝없는 사랑과 봉사·희생정신과 교직에 대한 소명감을 강조한다.

**14.** 다음 보기의 내용과 관련되는 것은?

> 인간은 태어나면서부터 죄수처럼 쇠사슬에 묶어 동굴 속에 사로잡혀 있다. 그런데 그 중의 하나가 쇠사슬을 끊고 밖으로 나오게 되며 우여곡절 끝에 진리를 깨닫게 된다. 이 철학자는 다시 동굴로 들어가 동료들에게 그림자가 아닌 진리를 가르치려 한다. 그러나 동료들은 그를 비웃고 미친 사람 취급한다.

① 학습은 생활 그 자체이다.
② 교육의 진리에 이르도록 선의 이데아를 가르치는 것이다.
③ 교육의 진리의 인식을 방해하는 4대 우상을 타파해야 한다.
④ 교수-학습과정은 학생 자신의 내부에 잠재되어 있는 능력을 충분히 발휘할 수 있도록 도와주는 것이다.

**15.** 우리나라 삼국시대 교육의 일반적 특징으로 올바른 것은?

① 문무를 겸비한 인재양성 교육
② 불교 중심의 종교교육
③ 국방을 위한 무사양성교육
④ 생산적인 기술인력교육

**16.** 다음의 내용이 나타내고 있는 교육의 사회적 기능은?

> 학교에서는 학생들의 좋고 나쁜 행동을 가려 상과 벌을 주며, 바람직하고 공인된 행동을 권장하고 정상에서 벗어나는 그릇된 행동에 대해서는 제재를 가한다.

① 사회통합
② 사회개혁
③ 사회이동
④ 문화전승

**17.** 교육사회학자와 관련된 것으로 적절하지 않은 것은?

① 애플(Apple) - 문화적 헤게모니
② 로젠탈(Rosenthal) - 스티그마 효과
③ 파슨스(Parsons) - 학급 사회화론
④ 드리븐(Dreeben) - 규범적 사회화

**18.** 교육법의 존재형식과 그 구체적인 예의 연결이 옳지 않은 것은?

① 법률 - 교육기본법
② 조약 - 유네스코 헌장
③ 법규명령 - 고등교육법시행령
④ 규칙 - 조례

**19.** 교육재정의 특성으로 옳지 않은 것은?

① 재정은 민간경제보다는 존속기간이 길다고 하는 영속성을 특징으로 한다
② 공권력을 통하여 기업과 국민 소득의 일부를 조세를 통해 정부의 수입으로 이전하는 강제성을 가지고 있다.
③ 수입이 결정된 후에 지출을 조정하는 양입제출(量入制出)의 원칙이 적용된다.
④ 재정은 공공의 이익을 도모하는 국가활동과 정부의 시책을 위해 사용되어야 한다는 공공성이 있다.

**20.** '평생교육법'과 관련된 내용으로 옳은 것은?

① "평생교육"이란 학교의 정규교육과정을 포함한 학력보완교육, 성인 문자해득교육, 직업능력 향상교육, 인문교양교육, 문화예술교육, 시민참여교육 등을 포함하는 모든 형태의 조직적인 교육활동을 말한다.
② "평생교육기관"이란 학원의 설립·운영 및 과외교습에 관한 법률에 따른 학원 중 학교교과교습학원을 포함한 평생직업 교육을 실시하는 학원을 말한다.
③ "평생교육사업"이란 국가 및 지방자치단체가 국민과 주민의 평생교육을 위하여 예산 또는 기금으로 조직적인 교육활동을 직접적으로 지원하는 사업만을 말한다.
④ "문자해득교육"(이하 "문해교육"이라 한다)이란 일상생활을 영위하는데 필요한 문자해득(文字解得) 능력을 포함한 사회적·문화적으로 요청되는 기초생활능력 등을 갖출 수 있도록 하는 조직화된 교육프로그램을 말한다.

**1.** 타일러(Tyler)가 개념화시킨 교육과정 개발의 네 가지 단계에 해당하지 않은 것은?

① 학습내용의 선정
② 학습경험의 선정
③ 교육목표
④ 학습자평가

**2.** 다음의 내용을 모두 포함하는 교육과정개발 이론은?

- 강령을 표방하고 강령을 지지하는 자료를 검토하는 강령(platform) 단계
- 다양한 대안을 검토하고 이를 토대로 적절한 대안을 도출하는 숙의(deliberation) 단계
- 선택한 대안을 구체적 프로그램으로 만드는 설계(design)단계

① 타일러(R. Tyler)의 이론
② 아이스너(E. Eisner)의 이론
③ 타바(H. Taba)의 이론
④ 워커(D. Walker)의 이론

**3.** 다음에서 설명하는 개념은?

- 학습자가 주위의 도움을 받아서 문제를 해결할 수 있는 범위
- 학습자의 실제적 발달 수준과 잠재적 발달 수준 간의 차이

① 비계(scaffolding)
② 근접발달영역(ZPD)
③ 도식(schema)
④ 메타인지(metacognition)

**4.** 사회인지이론에서 주장하는 관찰학습의 단계를 순서대로 바르게 나열한 것은?

① 파지단계 → 재생단계 → 동기화단계 → 주의집중단계
② 동기화단계 → 주의집중단계 → 파지단계 → 재생단계
③ 주의집중단계 → 파지단계 → 재생단계 → 동기화단계
④ 재생단계 → 주의집중단계 → 동기화단계 → 파지단계

**5.** (가), (나)에 해당하는 생활지도 영역을 바르게 짝지은 것은?

> (가) 학생들의 환경 적응과 문제해결을 돕기 위해 각종 정보를 수집, 제공한다.
> (나) 취업지도 업무를 담당하는 송 교사는 기업체에 취업한 졸업생들에게 전화를 걸어 직장 생활에 잘 적응하고 있는지를 점검하고 격려하였다.

|  | (가) | (나) |
|---|---|---|
| ① | 조사(調査) 활동 | 정치(定置) 활동 |
| ② | 정보(情報) 활동 | 정치(定置) 활동 |
| ③ | 조사(調査) 활동 | 추수(追隨) 활동 |
| ④ | 정보(情報) 활동 | 추수(追隨) 활동 |

**6.** 캐롤(Carroll)의 학교학습 모형에서 '학습에 사용된 시간'을 결정하는 변인에 해당하는 것은?

① 적성
② 수업 이해력
③ 수업의 질
④ 학습기회

**7.** 다음 중 협동학습의 특징과 관련이 없는 것은?

① 긍정적 상호의존성
② 개별적인 과제가 없다.
③ 구성원의 이질성
④ 공유하는 지도력

**8.** 형성평가에 대한 설명으로 맞게 묶인 것은?

> <보기>
> 가. 평가의 주요 목적은 교수-학습 방법의 개선에 있다.
> 나. 일련의 교수-학습 과정이 종료되는 시점에 실시한다.
> 다. 평가도구 제작 시 최소 성취기준에 근거하여 문항을 출제한다.
> 라. 평가 전문가가 개발한 표준화 검사를 평가도구로 활용한다.

① 가, 나
② 가, 다
③ 나, 다
④ 다, 라

**9.** K-R 20, K-R 21, 크론박(Cronbach)의 알파계수는 다음 중 어느 유형의 신뢰도에 속하는가?

① 반분신뢰도
② 재검사신뢰도
③ 동형검사 신뢰도
④ 문항내적 신뢰도

**10.** 다음 설명에 해당하는 교육행정의 과정은?

> • 각 부서별 업무 수행의 관계를 상호 관련시키고 원만하게 통합, 조절하는 일이다.
> • 이것이 잘 이루어지면 노력·시간·재정의 낭비를 막고, 각 부서 간의 부조화 및 직원 간의 갈등을 예방할 수 있다.

① 기획(planning)
② 자극(stimulating)
③ 조정(coordinating)
④ 평가(evaluating)

**11.** 교사의 동기 이론으로 바르게 연결되지 않은 것은?

① 허즈버그(Herzberg)의 성취 - 만족이론
② 매슬로우(Maslow)의 욕구위계이론
③ 맥그리거(McGregor)의 X-Y이론
④ 브룸(V. H. Vroom)의 기대이론

**12.** 임상장학의 특징으로 옳은 것은?

① 교사의 수업기술 향상이 주된 목적이다.
② 교사와 장학담당자 간의 비대면적 관계와 상호작용을 중시한다.
③ 일련의 비체계적이고 융통적인 지도·조언의 과정이다.
④ 자아실현의 욕구가 강한 능력 있는 교사들에게 효과적이다.

**13.** 교육은 인간행동의 변화이다"라고 정의한 것은 교육의 현상 중 어느 측면에 조점을 둔 것인가?

① 조작적
② 규범적
③ 기능적
④ 목적론적

**14.** 유럽의 중세 시민교육에 관한 설명으로 옳지 않은 것은?

① 학교의 형태는 각 나라와 도시에 따라 다양하다.
② 시민학교는 시민계급에게 의무교육을 실시하였다.
③ 중세 상공업의 발달로 출현한 시민계급의 수요에 의해 생겨났다.
④ 시민학교는 교육수준에 따라 크게 상류층을 위한 학교와 하류층을 위한 학교로 나뉜다.

**15.** 전통적 교육기관인 경당, 12도, 서원의 공통점으로 적합한 것은?

① 국가가 직접 통제하지 않는 사립교육기관
② 문무를 겸비한 인재를 양성하는 교육기관
③ 일반서민들을 주요 대상으로 하는 교육기관
④ 조선시대의 향교와 비슷한 성격의 교육기관

**16.** 다음 <보기> 중 기능이론자들이 주장하는 학교교육의 사회적 기능에 대한 설명과 일치하는 것만으로 묶은 것은?

<보기>
가. 사회의 각 부분은 사회 전체의 유지와 조화에 기여한다.
나. 학교는 차별적 사회화 과정을 통하여 기존의 불평등한 사회구조를 재생산한다.
다. 학교는 사회가 필요로 하는 인재를 선발하여 적재 적소에 배치하는 역할을 수행한다.
라. 학교는 지배집단 문화를 건수히는 기관으로 사회 안정화를 도모한다.

① 가, 나
② 가, 다
③ 가, 라
④ 다, 라

**17.** 다음 내용에서 설명하는 교육 평등은?

> • 농·어촌 출신 학생의 대학교 특별 입학 전형제
> • 바우처 제도, 사회 정의, 공정성, 선진화된 평등
> • HSP(Head Start Project) : 미국
> • EPA(Education Priority Area) : 영국

① 허용적 평등
② 결과의 평등
③ 보장적 평등
④ 조건의 평등

**18.** 법적용의 우선원칙에 대한 설명으로 옳지 않은 것은?

① 행정선례보다는 성문법으로서의 법령이 우선한다.
② 초·중등교육법과 초·중등교육법 시행령이 충돌할 경우 전자를 우선적으로 적용한다.
③ 노동조합 및 노동관계조정법과 교원의 노동조합 설립 및 운영 등에 관한 법률이 충돌할 경우 후자를 우선적으로 적용한다.
④ 신법과 구법이 충돌할 때에는 먼저 제정된 법을 우선적으로 적용한다.

**19.** 민간경제와 교육재정의 특성을 비교한 설명으로 옳은 것은?

① 민간경제는 등가교환 원칙에 의하여 수입을 조달하지만, 교육재정은 합의의 원칙에 의한다.
② 민간경제는 수입과 지출이 균형을 유지해야 하는 특성을 가지고 있는 반면, 교육재정은 항상 잉여획득을 기본 원칙으로 하여 거래가 이루어지고 있다.
③ 민간경제는 존속기간이 영속성을 가지고 있는 데 비해, 교육재정은 단기성을 가진다.
④ 민간경제는 특수보상이 적용되는 데 반해, 교육재정은 일반보상이 적용된다.

**20.** '평생교육법'과 관련된 내용으로 옳은 것은?

① "평생교육"이란 학교의 정규교육과정을 제외한 학력보완교육, 성인 문자해득교육, 직업능력 향상교육, 성인진로개발역량, 인문교양교육, 문화예술교육, 시민참여교육 등을 포함하는 모든 형태의 조직적인 교육활동을 말한다
② "평생교육기관"이란 학원의 설립·운영 및 과외교습에 관한 법률에 따른 학원 중 학교교과교습학원을 포함한 평생직업 교육을 실시하는 학원을 말한다.
③ "평생교육사업"이란 국가 및 지방자치단체가 국민과 주민의 평생교육을 위하여 예산 또는 기금으로 조직적인 교육활동을 직접적으로 지원하는 사업만을 말한다.
④ "문자해득교육"(이하 "문해교육"이라 한다)이란 학문생활을 영위하는데 필요한 문자해득(文字解得) 능력을 포함한 사회적·문화적으로 요청되는 기초생활능력 등을 갖출 수 있도록 하는 조직화된 교육프로그램을 말한다.

**1.** 다음 내용과 가장 관련이 깊은 학자는?

> • 교육과정이란 교육 속에서 개인들이 갖는 경험의 의미와 성질을 탐구하는 것이다.
> • 학생 자신의 전기적(biographical) 상황에 주목하는 쿠레레(currere) 방법을 제시

① 보빗(F. Bobbit)
② 파이너(W. Pinar)
③ 타일러(R. W. Tyler)
④ 브루너(J. S. Bruner)

**2.** 타바(H. Taba)의 교육과정 개발 모형에 대해 바르게 설명한 것을 모두 고른 것은?

① 귀납적 접근 방법을 사용하였다.
② 요구 진단 단계를 설정하였다.
③ 권위자가 만드는, 미래 지향적인 교육과정 개발을 주장하였다.
④ 내용과 학습경험을 구별하여 개발 단계를 설정하였다.

**3.** 프로이드(Freud)가 제안한 성격발달 단계와 에릭슨(E. Erikson)이 제안한 심리사회적 발달단계를 짝지은 것 중 시기적으로 유사하지 않은 것은?

① 잠복기 - 근면성
② 구강기 - 기본적 신뢰
③ 남근기 - 주도성
④ 항문기 - 충성

**4.** 형태주의 심리학(Gestalt psychology)에 대한 설명으로 옳지 않은 것은?

① 학습자는 세상을 지각할 때 외부자극을 단순히 합하는 것 이상의 작업을 수행한다.
② 문제 장면에 존재하는 다양한 요소의 관계를 파악하는 통찰에 주목한다.
③ 학습은 행동을 학습하는 것이 아니라 인지도를 학습한다.
④ 쾰러(W. Köhler)의 유인원 실험은 중요한 근거를 제공한다.

**5.** 정신분석이론에 기초한 상담기법이 아닌 것은?

① 자유연상
② 꿈의 분석
③ 전이의 분석
④ 교류분석

**6.** 블룸(Bloom)의 완전학습 모형은 '수업 전 단계', '수업단계', '수업 후 단계'로 나누어지는데 다음 중 '수업 후 단계'의 활동내용은 무엇인가?

① 선행학습 결손의 진단
② 수업목표의 명료화
③ 수업보조 활동
④ 총괄적 평가

**7.** 구성주의 교육과정에 적절하지 않은 관점은?

① 교과서를 구성하는 언어는 세계의 실재와 대응관계를 유지해야 한다.
② 학생은 자신이 속한 역사적·문화적·사회적 상황을 바탕으로 하여 의미와 시식을 만들어 간다.
③ 학생은 교사의 도움을 받아 가며 동료들과 협동적으로 탐구한다.
④ 학생이 주체적으로 학습에 참여하게 한다.

**8.** 수행평가의 특징과 가장 거리가 먼 것은?

① 단일의 정답은 존재하지 않으며 수행자의 높은 사고능력을 요한다.
② 높은 신뢰도와 타당도를 지니고 있다.
③ 개인의 활동뿐만 아니라 공동 활동에 대해서도 평가한다.
④ 평정자의 오류의 유형으로 대비의 오류는 평가자 자신의 특성과 학습자의 특성을 비교하여 평가하는 오류이다.

**9.** 다음 <보기>의 내용과 관련되는 연구방법은 무엇인가?

> <보기>
> • 연구방법 : 활동과 학습의 체험을 분석함

① 실험연구
② 관찰연구
③ 사회문화적 연구
④ 상관연구

**10.** 베버(M. Weber)의 관료제 특성과 순기능 및 역기능을 연결한 것으로 옳지 않은 것은?

| 관료제 특성 | 순기능 | 역기능 |
|---|---|---|
| ① 분업과 전문화 | 전문성 | 권태 |
| ② 몰인정성 | 합리 | 사기저하 |
| ③ 규정과 규칙 | 계속성과 통일성 | 경직성, 본말전도 |
| ④ 권위의 위계 | 유인체제 | 의사소통 저해 |

**11.** 다음에 해당하는 지도성 유형은?

> • 배스(Bass. B. M) 연구에서 제시된 리더십 중 하나이다.
> • 리더는 구성원들이 가치있게 여기는 것을 제공하고, 그 제공에 대한 대가로서 바람직한 행동이나 성과를 구성원들로부터 유도해낸다.

① 분산적 지도성
② 거래적 지도성
③ 황적 지도성
④ 변혁적 지도성

**12.** 학교운영위원회에 대한 설명 중 바른 것은?

① 학부모 대표, 교원 대표, 지역 사회 인사로 구성한다.
② 학교장은 당연직 교원위원으로 학교운영위원회 위원장이 된다.
③ 모든 학교의 학교운영위원회는 의결기구로서의 위상을 지닌다.
④ 학교운영위원회의 대표들로 구성된 선거인단에서 교육감을 선출한다.

**13.** 교육의 목적에 관한 다음의 설명 가운데 가장 타당한 것은?

① 교육의 목적은 교육인 것과 교육이 아닌 것을 구분하는 기준이 된다.
② 교육의 외재적 목적이란 교육의 본질적 가치가 논리적으로 실현된 것을 가리킨다.
③ 교육의 내재적 목적이란 교육의 개념 속에 합의된 교육의 가치지향을 가리킨다.
④ 교육의 목적은 교육내용의 범위와 방법적 기준을 결정하는 데 영향을 주지 않는다.

**14.** 인문주의에 대한 설명으로 옳지 않은 것은?

① 고대 그리스·로마의 자유교육의 이상을 계승하였다.
② 종교가 지배하는 중세시대를 벗어나 현세적 삶을 긍정하는 인간 중심 사회로의 전환하였다.
③ 이탈리아의 인문주의 교육에서는 자기표현 및 창조적 능력의 실현을 강조하였다.
④ 북유럽의 인문주의 교육은 사회개혁보다는 개인에 주된 관심을 가졌다.

**15.** 고려시대 국자감에 대한 설명으로 옳지 않은 것은?

① 국자감은 유학부와 기술부의 이원체제로 운영되었다.
② 국자감의 유학부에서는 논어와 주역을 필수교과로 하였다.
③ 예종 때에 국자감에 설치한 7재에는 무학도 포함되어 있었다.
④ 국자감은 향사의 기능을 가진 문묘와 강학의 기능을 가진 학당이 별도로 있었다.

**16.** 뒤르껭(E. Durkheim)의 교육론에 부합하지 않는 것은?

① 시대가 바뀌더라도 도덕교육의 내용은 변하지 않는다.
② 교육은 사회화의 기능을 수행한다.
③ 아동에게 도덕적, 지적, 신체적 계발을 중요하게 보았다.
④ 학교교육은 사회적 기능을 수행하기 때문에 국가가 관여해야 한다.

**17.** 학교교육의 한계를 비판한 학자들의 저서로 적절한 것은?

① 일리치(I. Illich)의 『탈학교사회』
② 라이머(E. Reimer)의 『피압박자의 교육』
③ 프레이리(P. Freire)의 『교실의 위기』
④ 실버맨(C. Silberman)의 『학교는 죽었다』

**18.** 헌법 제31조에서 규정하고 있는 교육에 관한 내용으로 옳지 않은 것은?

① 균등하게 교육 받을 권리
② 중등학교까지의 의무교육 무상화
③ 교육의 정치적 중립성
④ 교육제도의 법정주의

**19.** 현행 지방교육재정교부금 제도에 대한 설명으로 옳지 않은 것은?

① 지방교육재정교부금은 보통교부금과 특별교부금으로 나누어진다.
② 지방교육재정교부금의 목적은 지방교육의 균형 있는 발전을 도모함에 있다.
③ 특별교부금은 시책사업수요, 지역교육현안수요, 재해대책수요가 있을 때 교부한다.
④ 보통교부금의 재원은 내국세 총액의 20.79% 해당액과 교육세 세입액 전액을 합한 금액이다.

**20.** 평생교육 체제에서 학습자로서 갖추어야 할 가장 중요한 특성은?

① 암기력
② 감수성
③ 전문적 기술
④ 자기주도적 학습

**1.** 다음 중 교육평가모형에 대한 설명으로 옳지 않은 것은?

① 타일러(Tyler)는 행동적 용어로 진술된 목표와 학생의 성취도와의 일치 정도를 알아보는 데 평가의 초점을 맞추고 있다.

② 아이즈너(Eisner)는 교육평가가 예술작품을 비평하는 것과 같은 방식으로 이루어져야 한다고 주장하였다.

③ 스크리븐(Scriven)은 프로그램이 의도했던 효과와 부수적인 효과도 평가해야한다고 주장하였다.

④ 스터플빔(Stufflebeam)의 CIPP 모형은 관리 중심보다 목표 중심의 평가 모형이다.

**2.** 타일러(Tyler)가 제시한 학습경험을 효과적으로 조직하는 원리에 해당하지 않는 것은?

① 계열성의 원리
② 연계성의 원리
③ 계속성의 원리
④ 통합성의 원리

**3.** 에릭슨(E. Erikson)의 심리사회적 발달단계에 대한 설명으로 옳은 것만을 모두 고른 것은?

> ㄱ. 인생 주기 단계에서 심리사회적 위기가 우세하게 출현 하는 최적의 시기는 개인에 따라 차이가 있지만, 그것이 출현하는 순서는 불변한다고 가정한다.
>
> ㄴ. 현 단계의 위기를 극복하지 못해도 다음 단계로 넘어갈 수 있다고 본다.
>
> ㄷ. 청소년기에는 이전 단계에서의 발달적 위기가 반복하여 나타난다고 본다.

① ㄱ
② ㄴ
③ ㄱ, ㄷ
④ ㄱ, ㄴ, ㄷ

**4.** 와이너(B. Weiner)의 귀인이론에서 (가)에 들어갈 귀인요소는?

| 귀인요소 | 원인의 소재 | 통제가능성 | 안정성 |
|---|---|---|---|
| ( ) | 외적 | 통제불가 | 안정 |
| (가) | 내적 | 통제가능 | 불안정 |
| ( ) | 내적 | 통제불가 | 안정 |
| ( ) | 외적 | 통제불가 | 불안정 |

① 운
② 과제난이도
③ 노력
④ 능력

**5.** 정신분석 상담과 행동주의 상담의 공통점에 해당하는 것은?

① 상담과정에서 미래보다 현재 경험을 중시한다.
② 상담기법보다는 상담자의 인간적 자질과 진솔한 태도를 중시한다.
③ 인간의 행동을 인과적 관계로 해석하는 결정론적 관점을 가진다.
④ 비합리적 신념을 인식하고 수정하는 논박 과정을 중시한다.

**6.** 교수이론에 관한 설명 중 옳지 않은 것은?

① Glaser는 모형은 계속적인 의사결정과 수정의 모형이다.
② Ausubel은 설명적 교수이론에 기초하여 유의미 학습이 아닌 기계적 학습을 강조하였다.
③ Gagné의 교수이론은 인간의 학습에 대한 위계를 강조하였다.
④ Bruner의 교수이론은 지식의 구조화, 학습의 계열화, 발견학습 등을 강조하였다.

**7.** 다음에서 설명하는 토의의 명칭은?

> 서로 의견을 교환하면서 학습해 가는 방법이다. 이 학습법의 목적은 학급 내의 인간관계를 개선하고, 학생의 기초학력을 향상시키기 위해 고안된 토의학습의 한 유형이다.

① 배심 토의(Panel)
② 원탁식 토의(round table)
③ 단상 토의(symposium)
④ 버즈 토의(Buzz)

**8.** 다음 중 검사도구의 양호도에 대한 설명으로 적절한 것은?

① 신뢰도는 타당도의 충분조건이다.
② 반복 시행하여 일관성 있는 검사 결과를 얻었다면 타당한 검사도구이다.
③ 성취도 검사를 제작하기 전에 이원분류표를 작성하면 내용타당도를 높일 수 있다.
④ 객관도(Objectivity)는 평정자의 객관적인 편견을 얼마나 배제하였느냐의 문제이다.

**9.** 어떤 연구결과가 일반화될 수 없는 것으로 판정될 때 문제가 되는 것은?

① 외적타당도
② 공인타당도
③ 내적타당도
④ 내용타당도

**10.** 다음 중 교육을 위한 행정과 관련되는 것은?

| ㉠ 공권설 | ㉡ 경영설 |
|---|---|
| ㉢ 기능설 | ㉣ 조건정비적 입장 |

① ㉠, ㉡
② ㉡, ㉢
③ ㉡, ㉣
④ ㉢, ㉣

**11.** 다음과 가장 부합하는 교육행정이론은?

> • 학교 구성원들은 역할과 인성의 상호작용을 통해 행동한다.
> • 학교는 지역사회의 가치, 정치 및 역사 등에 의해 영향을 받는다.
> • 학교의 주요 목적은 학생들에게 성인의 역할을 하도록 준비시키는 것이다.

① 과학적 관리론
② 인간관계론
③ 행정과정론
④ 사회체제이론

**12.** 서지오바니(T. J. Sergiovanni)의 인적자원론적 장학의 관점을 가장 잘 나타낸 것은?

① 교사의 만족도가 증가하면 학교의 효율성이 증가하고, 이를 통해 공동의 의사결정이 달성된다.
② 교사의 만족도가 증가하면 공동의 의사결정이 달성되고, 이를 통해 학교의 효율성이 증가된다.
③ 학교의 효율성이 증가하면 교사의 만족도가 증가하고, 이를 통해 공동의 의사결정이 달성된다.
④ 공동의 의사결정을 도입하고 나면 학교의 효율성이 증가하고, 이를 통해 교사의 만족도가 증가한다.

**13.** 피터스(Peters)가 교과에 초점을 맞추어 규정한 교육내용은?(=Peters는 교과를 무엇으로 보았는가?)

① 지식의 형식
② 지식의 구조
③ 사회적 실제
④ 탈숙련화

**14.** 다음 설명에 해당하는 교육사상가는?

> <보기>
> • 자연의 법칙을 강조하고 객관적 자연주의자이다.
> • 감각적 실학주의 대표자로 17C 최대의 교육사상가이다.
> • 체벌로 학습을 강요하지 말고 구체적·감각적으로 교재를 제시해야 한다.

① 코메니우스
② 루소
③ 페스탈로치
④ 프뢰벨

**15.** 교육기관과 제도가 잘못 연결된 것은?

① 태학 : 우리나라 최초의 관학이며 고등 교육기관이다.
② 국자감 : 우리나라에서 최초로 독서삼품과를 실시하였다.
③ 12도 : 고려시대 개경에 있던 사학이다.
④ 향교 : 고려와 조선시대에 지방에서 유학을 교육하던 관학교육기관이다.

**16.** 갈등론적 관점에서의 학교교육에 대한 설명으로 옳지 않은 것은?

① 학교교육의 기능을 부정적, 비판적으로 본다.
② 학교교육은 기존의 사회구조를 재생산한다.
③ 사회는 유기체와 마찬가지로 각 부분이 전체의 존속을 위해 각기 기능을 수행한다.
④ 학교교육은 계급구조와 불평등을 정당화한다.

**17.** 콜만(Coleman)의 사회자본에 대한 설명으로 적절한 것은?

① 학교의 사회적·심리적·교육적 분위기

② 개인의 지위를 나타내는 직업, 수입, 재산, 교육정도

③ 문화적 산물에 대해 개인이 지속적으로 갖는 주체적 성향

④ 자녀의 학습을 진작시키기 위한 부모의 관심, 노력, 교육적 노하우

**18.** 교육기본법 제2조에 명시된 교육이념이 아닌 것은?

① 홍익인간의 이념

② 교육의 기회평등

③ 자주적 생활능력 함양

④ 민주시민으로서 필요한 자질 함양

**19.** 우리나라의 현행 교육재정의 구조에 대한 설명으로 옳지 않은 것은?

① 교육부의 일반회계와 특별회계는 정부가 교육과 학예 활동을 위해 투자하는 예산을 말한다.

② 시·도의 교육·학예에 필요한 경비는 해당 지방자치단체의 교육비특별회계에서 부담한다

③ 교육부 일반회계의 세출 내역 중에서 가장 규모가 큰 것은 지방교육재정교부금이다.

④ 시·도교육비 특별회계의 세입 중에서 가장 큰 비중을 차지하는 것은 지방자치단체 일반회계로부터의 전입금이다.

**20.** 관련된 평생교육학자로 적절하지 않은 것은?

① 렝그랑(P. Lengrand) : 『평생교육에 대한 입문』

② 포르(Edgar Faure) : 『존재를 위한 학습』

③ 들로어(J. Delors) : 『학습: 그 안에 담긴 보물』

④ 메지로우(Mezirow, J.) : 『순환교육』

**1.** 시기별 교육과정의 특징에 대한 설명으로 바르지 않은 것은?

① 제3차 교육과정은 '경험 중심 교육과정'을 표방하였다.

② 제5차 교육과정은 '인간 중심 교육과정'을 표방하였다.

③ 제6차 교육과정은 '교육과정 결정의 분권화'를 표방하였다.

④ 제7차 교육과정은 '학생 중심 교육과정'을 표방하였다.

**2.** 영 교육과정(Null Curriculum)에 대한 설명으로 옳지 않은 것은?

① 아이즈너(E. Eisner)가 제시한 개념이다.

② 교사가 교실에서 실제로 기르친 교육과정이다

③ 교육적 가치가 있음에도 불구하고 공식적 교육과정에서 배제된 교육과정이다.

④ 당연히 발생해야 할 학습경험이 학교의 의도 때문에 일어나지 않은 것이다.

**3.** 마샤(J. Marcia)가 제시한 청소년기의 정체감 상태 중에서 <보기>에 해당하는 것은?

<보기>
- 그대로 방치해 두면 부정적 정체감으로 빠져들 위험이 있다.
- 삶에 대한 방향감이 결여되어 있다.
- 어떤 일을 하더라도 왜 하는지 모른다.
- 타인들이 어떤 일을 왜 하는지에 관심이 없다.

① 정체감 혼미

② 정체감 유실

③ 정체감 유지

④ 정체감 확립

**4.** 목표지향이론에서 제시하고 있는 숙달접근목표에 해당하는 것은?

① 그림을 못 그린다고 놀림을 받을 것 같아 미술 과제를 제출하지 않았다.

② 지난번보다 더 나은 결과물을 만들기 위해 열심히 과제를 준비하였다.

③ 기말시험에서 경쟁자인 동급생보다 더 잘하기 위하여 열심히 공부하였다.

④ 뛰어난 운동선수가 실력이 떨어질 것 같아 새로운 기술의 습득을 주저하였다.

**5.** 로저스(C. Rogers)의 인간중심 상담이론에 대한 설명으로 적절하지 않은 것은?

① 인간은 선하며 독특한 존재이며 근본적으로 자신의 문제를 스스로 해결할 수 있는 존재로 본다.

② 인간의 행동은 과거에 어떻게 생각하고 느끼느냐에 따라 결정된다고 보았다.

③ 상담자가 갖추어야 할 중요한 태도로 진솔성, 무조건적 긍정적 존중, 공감적 이해를 제안하였다.

④ 발전하는 과정에서 내담자중심상담으로 불리웠고, 그 후 인간중심적 상담으로 명칭이 바뀌었다.

**6.** 교수설계 이론에 대한 설명으로 옳은 것은?

① 가네(R. Gagné)는 교수목표에 따라 학습조건은 달라져야한다고 주장하였다.

② 켈러(J. Keller )는 교수내용의 조직전략, 전달전략, 관리전략에 초점을 두고 있다.

③ 메릴(M . Merrill)은 교수·학습 상황에서 학습동기를 유발하고 유지시키기 위한 동기설계 전략에 초점을 두고 있다.

④ 라이글루스(C. Reigeluth )는 수행- 내용 행렬표, 자료제시 형태, 일관성, 적절성을 교수설계의 주요 개념으로 제시하였다.

**7.** 다음 측정치의 종류 중에서 동간성이 있으며 가감승제가 가능한 척도는?

① 명명척도
② 서열척도
③ 동간척도
④ 비율척도

**8.** 유비쿼터스 러닝(ubiquitous learning)에 대한 설명으로 옳지 않은 것은?

① 인터넷 네트워크 기술을 바탕으로 시간과 장소, 수준의 제약 없이 학습자가 다양한 학습경험을 할 수 있도록 지원하는 학습이다.

② 온라인 교육이 갖고 있는 강점과 면대면으로 이루어지는 오프라인 교육의 강점을 최대한 살려서 학습의 효과를 극대화하고자 하는 학습이다.

③ 무선 인터넷 및 위성통신 기술을 바탕으로 이동통신 기기를 활용하여 다양한 교수학습 활동을 수행할 수 있도록 하는 학습이다.

④ 각종 정보화기기, 사물에 이식된 센서, 칩 등을 통해 어디서나 존재하는 컴퓨팅 기술을 활용하여 교수학습 활동을 수행할 수 있도록 하는 학습이다.

**9.** 표준화검사가 타검사에 비하여 객관적인 해석을 가능하게 하는 이유로 올바른 것은?

① 타당도가 높기 때문에
② 권위가 확보되어 있기 때문에
③ 어떤 규준이 확보되어 있기 때문에
④ 실시가 용이하기 때문에

**10.** 교육행정 과정을 바르게 나타낸 것은?

① 기획 → 조정 → 조직 → 지휘 → 통제
② 기획 → 조직 → 지휘 → 조정 → 통제
③ 기획 → 조직 → 지휘 → 통제 → 조정
④ 기획 → 지휘 → 조직 → 통제 → 조정

**11.** 다음 중 호손실험과 관련이 없는 것은?

① 경제적 요인이 가장 큰 영향을 준다.
② 생산수준은 개인의 능력보다는 비공식 조직의 사회규범에 더 큰 영향을 받는다.
③ 심리적인 작업조건을 중시한다.
④ 생산관계 조직은 인간관계 조직에 의존한다.

**12.** 장학의 유형에 대한 설명으로 옳지 않은 것은?

① 임상장학 : 학급 내에서 수업의 질을 개선하기 위한 것으로, 교사와 학생 사이에서 이루어지는 상호작용에 초을 둔다.
② 약식장학 : 교장이나 교감 등 주로 학교의 관리자에 의하여 이루어진다.
③ 동료장학 : 인적자원활용의 극대화라는 측면에 장점이 있다.
④ 요청장학 : 교내 자율장학으로, 사전 예방차원에서 전문적이고 집중적인 지원이 필요한 경우 이루 어지는 장학형태이다.

**13.** 교육에 대한 규범적 정의와 관련이 가장 많은 것은?

① 인간 행동의 계획적 변화
② 교육의 방향감과 목적의식 제시
③ 가치 판단을 배제한 가치중립적 태도
④ 언어의 경제성과 논의의 편리성을 위해 사용

**14.** 18세기 유럽의 계몽주의 교육사조에 대한 설명으로 틀린 것은?

① 인간의 이성적 능력을 신뢰하였다.
② 전통적인 관습과 권위에 도전하였다.
③ 아동이 갖고 태어나는 신성(神性)의 발현을 강조하였다.
④ 교육을 통한 무지의 타파와 사회 개혁을 추구하였다.

**15.** 조선시대 과거제도 중 오늘날의 대학입학시험의 성격을 지니고 있는 것은?

① 대과
② 식년시
③ 소과
④ 증광시

**16.** 보울스와 긴티스(S. Bowles & H. Gintis)의 경제적 재생산론에 나타난 학교교육관을 바르게 설명한 것은?

① 학교교육은 하위 계급의 학생에게 비판적 의식을 심어주고 있다.
② 학교교육은 능력주의(meritocracy) 이념을 통해 계급적 모순을 은폐하고 있다.
③ 학교교육은 사회 불평등을 해소하고 있다.
④ 학교교육은 학생을 능동적이며, 인격적 존재로 대우하고 있다.

**17.** <보기>의 내용을 설명하는 데 가장 적합한 개념은?

> <보기>
> • 교사는 아동의 가정 배경과 차림새에 따라 능력에 대한 기대를 달리하였다.
> • 교사는 자신이 기대하는 바에 따라 아동 집단을 구분하여 각각 다르게 대하였다.
> • 높은 능력 기대 집단에 속한 아동은 교사와의 상호작용이 활발해지고 성적도 좋아졌으나, 낮은 능력 기대 집단에 속한 아동은 학급 활동 참여가 줄고 성적도 낮아졌다.

① 문화 실조(cultural deprivation)
② 상응 원리(correspondence principle)
③ 자성 예언(self-fulfilling prophecy)
④ 사회적 자본(social capital)

**18.** 헌법 제31조의 일부이다. ㉠~㉢ 에 들어갈 용어를 바르게 묶은 것은?

> ① 모든 국민은 능력에 따라 ( ㉠ )하게 교육을 받을 권리를 가진다.
> ② 모든 국민은 그 보호하는 자녀에게 적어도 ( ㉡ ) 교육과 법률이 정하는 교육을 받게 할 의무를 진다.
> ③ 의무교육은 무상으로 한다.
> ④ 교육의 자주성·전문성·정치적 중립성 및 대학의 자율성은 법률이 정하는 바에 의하여 보장된다.
> ⑤ 국가는 ( ㉢ )을 진흥하여야 한다.

| | ㉠ | ㉡ | ㉢ |
|---|---|---|---|
| ① | 평등 | 초등 | 평생교육 |
| ② | 평등 | 중등 | 특수교육 |
| ③ | 균등 | 중등 | 특수교육 |
| ④ | 균등 | 초등 | 평생교육 |

**19.** 지방교육재정교부금제도에 대한 설명으로 옳지 않은 것은?

① 기준재정수입액은 교육·학예에 관한 지방자치단체 교육비특별회계의 수입예상액으로 한다.
② 기준재정수요액을 산정하기 위한 각 측정단위의 단위당 금액을 단위비용이라 한다.
③ 교육부장관은 기준재정수입액이 기준재정수요액에 미치지 못하는 지방자치단체에 대해서는 그 부족한 금액을 기준으로 하여 특별교부금을 총액으로 교부한다.
④ 특별교부금은 지방교육행정 및 지방교육재정의 운용실적이 우수한 지방자치단체에 재정지원이 필요할 때 교부한다.

**20.** 평생교육과 관련된 제도와 그에 대한 설명으로 옳지 않은 것은?

① 평생교육사 : 평생교육의 기획, 진행, 분석, 평가, 교수 업무를 수행하는 전문 인력
② 학점은행제 : 학교 내외에서 이루어지는 다양한 학습활동을 학점으로 인정하여 학위 취득을 가능하게 하는 제도
③ 학습계좌제 : 평생교육을 촉진하고 인적자원의 개발·관리를 위하여 개인의 학습경험을 종합적으로 관리하는 제도
④ 전문인력정보은행제 : 평생교육기관의 전문 인력을 선발하는 데 필요한 문제은행을 만들어 체계적으로 제공·관리하는 제도

**1.** 교육내용 선정 시 고려해야 할 일반적인 원리에 대한 설명으로 옳지 않은 것은?

① 기회의 원칙 : 교육목표를 달성할 기회가 보장되도록 경험 선정

② 만족의 원칙 : 학생의 흥미, 필요와 합치되도록 경험 선정

③ 학습가능성의 원칙 : 학습자의 발달단계에 맞는 경험 선정

④ 일경험 다성과의 원칙 : 동일한 목표를 달성하는데도 다양한 학습경험을 사용할 수 있다.

**2.** 워커(D. Walker)가 제안한 교육과정 개발 모형에 대한 설명으로 적절하지 않은 것은?

① 토대의 과정은 다양한 개념, 이론, 가치관. 이미지, 절차 등이 혼재한다.

② 교육과정 개발은 삼여사들의 디양한 이해관계가 교차하는 정치적 과정이다.

③ 교육과정 개발에 참여하는 사람들은 합리적으로 사고를 하지 않는 경우가 많다.

④ 합리적·처방적 교육과정 개발 모형에 속한다.

**3.** 브론펜브레너(U. Bronfenbrenner)에 의해 제안된 인간발달의 생태이론에서 거시체계(mesosystem)에 대한 설명으로 가장 적절한 것은?

① 아동이 속해 있는 사회의 이념, 가치, 관습, 제도 등을 의미한다.

② 아동과 아주 가까운 주변에서 일어나는 활동과 상호작용을 나타낸다.

③ 가정, 학교, 또래집단과 같은 미시체계들 간의 연결이나 상호관계를 나타낸다.

④ 아동이 직접적으로 접촉하고 있지는 않지만 아동에게 영향을 주는 환경(부모의 직장, 보건소 등)을 나타낸다.

**4.** 인지양식을 장독립적 양식과 장의존적 양식으로 구분할 때, 장독립적 양식을 지닌 학습자의 일반적인 특성으로 옳은 것은?

① 언어적 칭찬을 통해 동기화 한다.

② 개별학습보다는 협동학습을 선호한다.

③ 비구조화된 과제의 수행에 어려움을 겪는다.

④ 정보를 분석적으로 처리한다.

**5.** 다음 설명에 해당하는 방어기제는?

> • 자기가 실제로 가지고 있는 감정과 정반대되
> 는 감정을 나타내는 것
> • 부모의 사랑을 빼앗아 간 어린 동생에 대한
> 증오심을 숨기기 위하여 동생을 더 예뻐한다

① 억압(repression)
② 반동형성(reaction formation)
③ 치환(displacement)
④ 부인(denial)

**6.** 교수-학습이론 중 <보기>는 어떤 이론에 대한 설명인가?

> <보기>
> 먼저 광각렌즈를 통해 사물의 전체적인 모습을 관찰함으로써 각 부분들이 서로 어떠한 관계를 형성하고 있는지 파악할 수 있을 것이다. 그 다음 각 부분별로 확대해 들어가 세부 사항들을 관찰할 수 있을 것이다. 한 단계 줌인(zoom-in)해서 세부사항들을 관찰한 다음 다시 줌아웃(zoom-out)해서 전체와 부분간의 관계를 다시 반복적으로 검토할 수도 있다.

① 정교화 이론
② 처방적 교수이론
③ 내용요소 제시이론
④ 구성주의 교수이론

**7.** 다음 중에서 구안법의 특징이 아닌 것은?

① 개인차에 따라 일맞은 학습활동이 이루어진다.
② 학습자 자신의 계획에 따라 수행된다.
③ 짧은 시간에 많은 학생을 동시에 학습시킨다.
④ 학습문제를 구체적으로 해결한다.

**8.** 규준지향평가와 준거지향평가를 비교한 것으로 적절한 것은?

| | 규준지향평가 | 준거지향평가 |
|---|---|---|
| ① | 절대평가 | 상대평가 |
| ② | 타당도 강조 | 변별도 강조 |
| ③ | 발달적 교육관 | 선발적 교육관 |
| ④ | 정상분포 기대 | 부적편포 기대 |

**9.** 어떤 지능검사가 평균이 100, 표준편차가 10인 정상분포를 이룰 때, 120의 점수를 받은 학생의 백분위 (percentile rank)에 가장 가까운 값은?

① 74          ② 84
③ 92          ④ 97

**10.** 학교 조직이 갖고 있는 관료제의 특성에 해당하지 않는 것은?

① 교장 - 교감 - 교사의 위계구조
② 과업수행의 통일성을 기하기 위한 규정과 규칙
③ 연공서열과 업적에 의해 결정되는 승진 체계
④ 학교는 독립된 조직단위로 운영되고, 교사의 주요 교육활동은 교실에서 이루어진다.

**11.** 다음과 가장 관계 깊은 교육행정의 원리는?

> 교육에 관한 중요한 정책을 수립하는 데 있어서 광범위한 참여를 통해 공정한 민의를 반영하고, 결정된 정책의 집행과정에 있어서 권한 위양(委讓)을 통해 기관장의 독단과 전제를 막는 것을 의미한다.

① 효율성의 원리
② 합법성의 원리
③ 민주성의 원리
④ 안정성의 원리

**12.** 미래의 경제규모, 산업부문의 발전 정도 등에 따라서 교육계획을 수립하는 접근법은?

① 수익률에 의한 접근방법
② 사회수요 접근방법
③ 국제비교에 의한 접근방법
④ 인력수요접근법

**13.** 다음 <보기>의 내용과 관련이 가장 깊은 교육은?

> • 인간의 마음(mind)을 무지, 오류, 환상으로부터 해방시키는 교육이다.
> • 허스트(P. Hirst)에 따르면 마음과 시식, 지식과 실재의 관련성에 관한 것으로 본다.

① 노작교육          ② 자유교육
③ 민주교육          ④ 해방교육

**14.** 종교개혁 시기의 교육특징으로 적절하지 않은 것은?

① 종교개혁 과정에서 국가의 대중교육에 대한 책무가 강조되었다.
② 종교개혁은 교회주의에 그 바탕을 두고 있다.
③ 성서 읽기를 위한 기본 문해교육이 강조되었다.
④ 라틴어 대신에 모국어가 성경과 교육의 언어로 사용되면서 교육의 보편화에 기여하였다.

**15.** 조선시대 과거제도에 대한 설명으로 옳지 않은 것은?

① 식년시(式年試) : 조선시대에 3년마다 정기적으로 시행된 과거시험이다.
② 홍패(紅牌) : 고려·조선시대에 과거를 치른 최종 합격자에게 내어주던 증서이다.
③ 무과 : 소과와 대과로 나누어 행했다.
④ 잡과 : 단일 시험으로 초시와 복시로 나누어 행했다.

**16.** 부르디외(P. Bourdieu)의 문화적 재생산론(Cultural Reproduction Theory)의 관점에 해당하는 것은?

① 문화는 사회계급 구조와 관련이 없다.
② 현대사회는 대중문화에 의해 지배받고 있다.
③ 상징적 폭력을 통해 학교교육이 사회적으로 정당화된다.
④ 학교는 보편적이고 중립적인 문화적 가치를 전수하는 기관이다.

**17.** 신교육사회학에 대한 설명이 아닌 것은?

① 학교 내부에 대한 관심보다는 학교 외부에 대한 거시적 부분에 주된 관심이 있다.

② 교육내용과 학교의 내적 과정, 즉 교사-학생간의 상호작용 문제, 교사가 규정짓는 학생에 대한 평가기준 및 고정관념 등에 관심을 가진다.

③ 교육기관에서 가르치는 지식의 사회성에 관심을 두고 있다.

④ 학교의 교육내용은 사회적으로 통제된 문화전수의 한 방편이기 때문에, 지식은 절가 절대적인 것도 보편적인 것도 아니고, 단지 관련 집단간의 상호작용을 통하여 결정되는 정치적·사회적 산물이라고 본다.

**18.** 지방교육자치에 관한 법령상 교육감에 대한 설명으로 옳은 것만을 모두 고른 것은?

> ㄱ. 교육규칙의 제정에 관한 사항은 교육감의 관장사무에 해당한다.
> ㄴ. 주민은 교육감을 소환할 권리를 가진다.
> ㄷ. 시·도의회에 제출할 교육·학예에 관한 조례안과 관련하여 심의·의결할 권한을 가진다.
> ㄹ. 교육감의 임기는 4년으로 하며, 교육감의 계속 재임은 2기에 한한다.

① ㄱ, ㄴ
② ㄷ, ㄹ
③ ㄱ, ㄴ, ㄹ
④ ㄱ, ㄴ, ㄷ, ㄹ

**19.** 독학자가 학사학위를 취득하는 시험과 관련이 없는 것은?

⑴ 교양과정 인정시험
② 전공기초과정 인정시험
③ 전공기본과정 인정시험
④ 학위취득 종합시험

**20.** 우리나라의 지방교육재정에 대한 설명으로 옳지 않은 것은?

① 교육세는 지방교육재정교부금의 재원에 포함되지 않는다.

② 광역시는 담배소비세의 100분의 45에 해당하는 금액을 교육비 특별회계로 전출하여야 한다.

③ 교육부장관은 특별시·광역시·도 및 특별자치도의 교육행정기관의 장이 교부된 특별교부금을 2년 이상 사용하지 않는 경우에는 그 반환을 명할 수 있다.

④ 시·군·자치구는 고등학교 이하 각급 학교의 교육에 소요되는 경비를 보조할 수 있다.

**1.** 미국에서 1970년대부터 시작된 교육과정의 재개념화(Reconceptualization)에 대한 옳지 않은 설명은?

① 'currere'의 본래 의미를 회복하고자 하는 것이 그들의 의도이다.

② 교육과정 설계와 개발을 위한 이론 체계를 제시하였다.

③ 교육과정을 학교에서 배우는 교과목이나 경험을 넘어 '삶의 궤적(軌跡)(course of life)'으로 간주한다.

④ 해석학이나 현상학 같은 다양한 방법론을 교육과정 연구에 적용하였다.

**2.** 다음 설명에 해당하는 교육과정 조직의 원리는?

> • 교육과정 내용이 제시되는 시간적 순서를 의미
> • 단순한 내용에서 복잡한 내용 순으로 제시
> • 전체에서 부분 학습 순으로 제시
> • 구체적인 개념에서 추상적인 개념 순으로 제시

① 범위
② 계속성
③ 계열성
④ 균형성

**3.** 셀만(Selman)의 사회적 조망수용이론에서 자기중심적 관점 수용단계에 대한 설명으로 적절한 것은?

① 타인을 자기중심적으로 보기 때문에 타인이 자신과 다른 관점을 가지고 있다는 것을 전혀 이해하지 못한다.

② 동일한 상황에 대한 타인의 조망이 자신의 조망과 다를 수 있다는 것까지는 이해하지만 아직도 자기의 입장에서 이해하려고 한다.

③ 타인의 조망을 고려할 수도 있고 타인도 자기의 조망을 고려할 수 있다는 것을 인식한다.

④ 동시 상호적으로 자기의 타인의 조망을 각각 이해할 수 있다.

**4.** 렌줄리(J. S. Renzulli)가 제안한 영재성 개념의 구성요인이 아닌 것은?

① 평균 이상의 일반능력
② 평균 이상의 사회성
③ 높은 수준의 창의성
④ 높은 수준의 과제집착력

**5.** 다음 설명에 해당하는 상담이론으로 적절한 것은?

> - 내담자의 사고 과정을 변화시켜 정서적 장애와 행동적 장애를 극복하게 하는 데 상담의 중점을 둔다.
> - 정서적 장애는 주로 비적응적인 사고 과정의 결과로서, 이 잘못된 사고 과정을 재구성하는 것이 상담의 주요 과제라고 본다.

① 인지적 상담
② 행동 수정 상담
③ 인간 중심 상담
④ 의사결정적 상담

**6.** 다음 설명에 해당하는 것은?

> - 계속적인 의사결정과 수정의 모형이다.
> - 출발점 행동특성을 교수학습과정의 한 요소로 개념화 하였다.
> - 수업과정을 표준화시키고 있다.

① 글래이저(Glaser)의 교수과정
② 캐롤(Carroll)의 학교학습모형
③ 브루너(Bruner)의 발견학습
④ 가네(Gagné)의 학습위계

**7.** 하이퍼미디어(Hypermedia) 활용 수업에 관한 설명으로 옳지 않은 것은?

① 학습자가 비선형적(nonlinear)으로 정보를 탐색할 수 있다.
② 학습자가 멀티미디어 요소를 활용하여 지식을 구성할 수 있다.
③ 학습자의 방향감 상실이나 인지 과부하(cognitive overload)를 야기할 수 있다.
④ 비구조화된 내용을 학습할 때 활용하면 학습자의 인지적 유연성을 기르기 어렵다.

**8.** <보기>의 교사 행동을 진단평가 형성평가 총합평가와 가장 적절하게 짝지은 것은?

> <보기>
> ㄱ. 수업 중에 학습 오류 수정을 위하여 쪽지시험을 실시하였다.
> ㄴ. 학생의 기초학습능력과 수업계획을 수립하기 위하여 선수학습 정도를 파악하였다.
> ㄷ. 기말고사를 실시하여 성적을 부여하였다.

| | 진단평가 | 형성평가 | 총합평가 |
|---|---|---|---|
| ① | ㄱ | ㄴ | ㄷ |
| ② | ㄴ | ㄱ | ㄷ |
| ③ | ㄴ | ㄷ | ㄱ |
| ④ | ㄷ | ㄴ | ㄱ |

**9.** 교육평가와 교육측정의 가장 근본적인 차이점은?

① 검사결과의 난이도
② 검사결과의 변별도
③ 검사결과의 신뢰도
④ 검사결과의 가치판단

**10.** 행정행위설(또는 경영설)에서 강조되고 있는 교육행정의 정의는?

① 수업이 잘 이루어지도록 도와주는 수단적 활동이다.
② 교육에 필요한 인적 물적 조건을 정비해주는 조장활동이다.
③ 법규에 따라 교육활동이 이루어지도록 감독하는 통제활동이다.
④ 교육체제에 작용하는 여러 변인을 합리적으로 조정하는 활동이다.

**11.** 다음 중 호손(Hawthorn)실험의 의의와 관련이 없는 것은?

① 작업에서 노동자의 경제적 동기를 강조한 합리적 경제인관을 토대로 한다.

② 생산 수준은 개인의 능력보다는 비공식조직의 사회규범에 더 영향을 받는다.

③ 노동자들은 경영자의 자의적인 결정으로부터 스스로 보호하기 위해 비공식 조직을 활용한다.

④ 비공식 조직의 지도자는 공식적 조직의 지도자만큼 중요하다.

**12.** 다음은 어떤 이론을 학교에 적용한 내용이다. 이 내용에 가장 부합하는 (가)이론과 (나)제도를 바르게 짝지은 것은?

> • 교사가 더 큰 내적 만족을 얻을 수 있도록 직무를 재설계하는 방법을 모색한다.
> • 교사의 동기는 보수 수준이나 근무 조건의 개선보다 가르치는 일 그 자체의 성취감 등을 통해 더욱 강화된다.
> • 교사에게 직무 수행상의 책임을 증가시키고, 자신의 능력을 발휘할 수 있도록 기회와 재량권을 부여하여 심리적 보상을 얻게 한다.

| | (가) | (나) |
|---|---|---|
| ① | 공정성이론 | 학습연구년제 |
| ② | 공정성이론 | 수석교사제 |
| ③ | 동기-위생이론 | 교원성과급제 |
| ④ | 동기-위생이론 | 수석교사제 |

**13.** 20세기 후반에 유행했던 서양의 교육철학 사조에 대한 설명으로 옳은 것은?

① 실존주의 교육철학은 실학주의 교육사조를 현대화시켰다.

② 비판주의 교육철학은 교육철학의 과학화 운동을 주도하였다.

③ 구성주의 교육철학은 전통철학의 인식론을 계승·발전시켰다.

④ 분석주의 교육철학은 교육철학의 학문적 객관성을 추구하였다.

**14.** 교육에 대한 다음과 같은 관점을 가장 잘 담고 있는 서양 교육 사조는?

> • 세상은 가장 훌륭한 교과서이다.
> • 감각적 경험이 올바른 지식을 획득하는 통로이다.
> • 고전 공부의 진정한 목적은 현학적 지식의 습득이 아니라 인간의 삶에 대한 이해를 통하여 교육의 현실적 적합성을 추구하는 것이다.
> • 삶의 지혜와 학문적 지식은 구분되어야 하며, 아이에게 실제적 지혜의 기초가 충분히 다져지기 전까지는 학문적 지식에 대한 공부를 보류해야 한다.

① 실학주의(Realism)

② 인문주의(Humanism)

③ 계몽주의(Enlightenment)

④ 신인문주의(Neo-humanism)

**15.** 아동은 '자연의 시인'이고 어린이의 나라는 '죄 없고 허물없는 평화롭고 자유로운 한울나라'라고 주장한 소파 방정환의 교육관은 아동의 권리와 흥미를 존중하는 서구의 아동중심 교육관을 넘어섰다고 평가된다. 이러한 소파의 아동교육관에 직접적인 영향을 미친 교육사상은?

① 도교의 교육사상    ② 불교의 교육사상

③ 천도교의 교육사상    ④ 성리학의 교육사상

**16.** <보기>에서 재생산이론, 인간자본론, 의식화이론의 각 관점에 가장 부합하는 것은?

> ㄱ. 교육을 통해서 사회 불평등에 대한 모순을 깨닫게 하고, 비판적 의식을 저항의 실천으로 옮길 수 있도록 해야 한다.
>
> ㄴ. 국가의 예산을 투입하여 지식과 기술력을 갖춘 인재를 육성하는 것은 경제적인 측면에서 매우 생산적이고 유용하다.
>
> ㄷ. 사회구조상 계층이동 방식이 상위계층에 의해 결정되기 때문에 하위계층의 학생들은 상위계층에 진입하기가 힘들며 계층의 대물림이 이어진다.

| | 재생산이론 | 인간자본론 | 의식화이론 |
|---|---|---|---|
| ① | ㄴ | ㄷ | ㄱ |
| ② | ㄷ | ㄴ | ㄱ |
| ③ | ㄴ | ㄱ | ㄷ |
| ④ | ㄷ | ㄱ | ㄴ |

**17.** 교육사회학의 패러다임에 대한 설명으로 옳지 않은 것은?

① 해석학적 관점은 사회구성원과 행위자의 행위 및 상호작용, 학교의 내적 상황 등에 초점을 두는 미시적 접근이다.

② 갈등주의 관점은 자본주의 사회에서 학교가 지배계급에게 유리하게 작용함으로써 물신화와 소외, 비인간화 등을 가져오는 것에 대한 비판적 접근이다.

③ 신교육사회학적 관점에서는 지식은 사회적으로 구성된다고 본다.

④ 신교육사회학적 관점에서는 교과과정의 효율성과 학교교육의 외적 과정에 관심을 갖는다.

**18.** 우리나라의 지방교육자치제에 대한 설명으로 옳지 않은 것은?

① 교육지원청에 교육장을 두되 장학관으로 보한다.

② 교육감은 시·도의 교육·학예에 관한 사무의 집행기관이다.

③ 교육감후보자가 되려는 사람은 당해 시·도지사의 피선거권이 있는 사람으로서 후보자등록신청개시일부터 과거 3년 동안 정당의 당원이 아닌 사람이어야 한다.

④ 부교육감은 당해 시·도의 교육감이 추천한 자를 교육부장관의 제청으로 국무총리를 거쳐 대통령이 임명한다.

**19.** 국·공립학교 학교회계상의 세입으로 옳지 않은 것은?

① 국가의 일반회계 또는 지방자치단체의 교육비 특별회계로부터의 전입금

② 학교운영지원비와 학교발전기금으로부터의 전입금

③ 국가 또는 지방자치단체의 보조금 및 지원금

④ 교육세

**20.** 다베(R. Dave)가 제시한 평생교육의 개념적 특징 중 적절하지 않은 것은?

① 교육 가능성(educability) : 효율적 자기주도학습을 도모, 학습방법, 체험의 기회, 평가방법 등의 개선

② 전체성(totality) : 성, 계급, 종교, 연령, 학력에 관계없이 누구나 교육

③ 융통성(flexibility) : 어떤 환경과 처지에서도 학습이 가능

④ 민주성(democratization) : 학습자가 원하는 다양한 교육과정 제공

**1.** 경험 중심 교육과정에 대한 설명으로 가장 옳은 것은?

① 사전에 계획된 조직적이고 계통적인 수업을 선호한다.

② 학문의 핵심적인 아이디어 또는 기본원리 및 개념을 중시한다.

③ 문화유산을 체계화한 지식을 중심으로 교육과정을 설계한다.

④ 학생의 실생활 내용을 주로 다루며, 학생 흥미 위주의 수업을 지향한다.

**2.** 잠재적 교육과정을 설명하는 사례로 가장 적절한 것은?

① 일본의 역사교과서에서 한국 침략 내용을 의도적으로 배제한다.

② 학교 교육과정에서 직관적 사고가 소홀히 다루어진다.

③ 수업시간에 배운 한자를 30번씩 써 오라는 숙제 때문에 한문을 싫어하게 되었다.

④ 진화론은 가르치나, 성경의 창조론은 배제한다.

**3.** 콜버그(L. Kohlberg)의 도덕성 발달이론에 대한 설명으로 옳은 것을 <보기>에서 고른 것은?

> **<보기>**
> ㉠ 피아제(J. Piaget)가 구분한 아동의 도덕성 발달단계를 더 세분화하여 성인기까지 확장하였다.
> ㉡ 도덕성 발달은 단계적으로 이루어진다고 보았다.
> ㉢ 도덕성 발달은 인지적 재구조화에 따른 결과라고 보았다.
> ㉣ 길리건(C. Gilligern)은 콜버그의 도덕성 발달이론에 대해 남성 중심의 이론이며 여성의 도덕성 판단기준은 남성과 다르다고 비판하였다.

① ㉠, ㉣              ② ㉠, ㉡, ㉣

③ ㉠, ㉢, ㉣          ④ ㉠, ㉡, ㉢, ㉣

**4.** 강화에 대한 설명으로 옳지 않은 것은?

① 행동의 강도와 빈도를 높이는 데 있어 강화보다 벌이 더 효과적이다.

② 선호하지 않는 것을 제거함으로써 행동의 강도와 빈도를 높일 수 있다.

③ 선호하는 것을 제공함으로써 행동의 강도와 빈도를 높일 수 있다.

④ 일차적 강화물이란 그 자체로 강화능력을 가지고 있어 생리적 욕구를 충족해 주는 것이다.

**5.** 다음 설명에 해당하는 상담이론은?

> • 인간이 통제력 또는 선택할 수 있는 능력을 갖고 있다.
> • 궁극적으로 자기 삶에 책임을 가져야 한다고 주장한다.
> • 상담의 목표는 내담자로 하여금 책임 있는 행동을 학습하여 성공정체감을 발달시키게 하는 것이다.

① 인간중심 상담
② 정신분석적 상담
③ 행동주의 상담
④ 현실 요법

**6.** 교수설계절차인 ADDIE 모형에서 '분석'단계에 대한 설명으로 옳지 않은 것은?

① 학습내용과 매체를 선정하고 수업절차를 확인한다.
② 학습자가 해당 학습과제를 학습할 만한 발달수준에 도달했는지를 확인한다.
③ 학습자의 선수학습 요소를 확인한다.
④ 해당 학습과제에 대한 학습자의 흥미나 적성을 확인한다.

**7.** 디지털 교과서의 특성으로 적절하지 않은 것은?

① 글, 그림, 음향, 동영상 등의 동적인 정보 제시
② 정보 변형의 용이성
③ 개방형 정보체제
④ 순차적·평면적인 정보 제시

**8.** 능력참조평가(ability-referenced evaluation)평가와 관련된 것으로 옳지 않은 것은?

① 학습자가 지니고 있는 능력에 비추어서 얼마나 최선을 다하였는지에 초점을 두는 평가방법이다.
② 사전 능력수준과 관찰 시점에 측정된 능력수준 간의 차이에 관심을 둔다.
③ 학업성취도 검사에서 사용할 수 있는 방법이다.
④ 학습자가 가지고 있는 능력에 대한 정확한 정보가 없을 경우에 평가 어렵다.

**9.** 다음 중 신뢰도를 높일 수 있는 방안은?

① 문항수를 줄인다.
② 변별력이 높은 문항을 출제한다.
③ 난이도가 높은 문항을 출제한다.
④ 문항을 중요한 부분에서 집중 출제한다.

**10.** 교육행정의 접근에서 인간관계론의 관점으로 보기 어려운 것은?

① 학교 내의 비공식 조직의 중요성을 인정하고 이들과 협력한다.
② 학생들이 스스로 학습에 재미를 느끼고 공부할 수 있는 환경을 조성한다.
③ 학교조직 역할과 인성 간의 상호작용 관계를 조화롭게 적용한다.
④ 생산 수준은 개인의 능력이 아니라 비공식 집단의 사회적 규범에 따라 결정된다.

**11.** 「초·중등교육법」상 학업에 어려움을 겪는 학생에 대한 교육에 대한 설명으로 옳지 않은 것은?

① 학교의 장은 학업 중단의 의사를 밝힌 학생 등 학업 중단 위기에 있는 학생에 대하여 충분히 생각할 기회를 줄 수 있으나 그 기간을 출석으로 인정할 수 없다.

② 국가와 지방자치단체는 학업에 어려움을 겪는 학생에게 균등한 교육기회를 보장하기 위하여 필요한 예산을 지원한다.

③ 교원은 대통령령으로 정하는 바에 따라 학업에 어려움을 겪는 학생의 학습능력 향상을 위한 관련 연수를 이수하여야 한다.

④ 국가 및 지방자치단체는 학업에 어려움을 겪는 학생에 대한 교육의 체계적 실시를 위하여 매년 실태조사를 하여야 한다.

**12.** 다음 중 학교운영위원회의 설명으로 알맞은 것은?

① 교원위원은 교사와 학부모의 무기명투표에 의한다.

② 위원장, 부위원장 각 1명을 두며, 교원위원이 아닌 자 중에서 무기며 투표에 의해 선출된다.

③ 교원위원도 운영위원장이 될 수 있다.

④ 위원 수는 교원위원, 학부모위원, 지역위원 순으로 교원위원이 제일 많다.

**13.** 다음 내용과 관련이 있는 교육철학은?

- 프랑크푸르트 학파의 이론적 성과를 수용하였다.
- 교과지식의 획득보다는 사회의 구조적 문제 해결에 더 관심을 둔다.
- 도구적 합리성 비판

① 비판적 교육철학
② 분석적 교육철학
③ 실존주의 교육철학
④ 프래그머티즘 교육철학

**14.** 신인문주의의 특징으로 적절하지 않은 것은?

① 신인문주의는 18세기 이래 지나친 이성중심주의, 합리주의, 주지주의, 공리주의, 세속주의 경향에 대해 반발하면서 등장한 일종의 낭만주의(romanticism) 흐름 이다.

② 신인문주의는 인간성의 새로운 탐구와 각성을 촉구하면서 인간 본성의 미적, 지적 차원의 조화로운 발달을 추구하였다.

③ 자신의 심성(心性)에 맞는 문화를 이룩하려고 한 것이 낭만주의 정신의 본질이며, 그 결과 자아(自我)에 대한 확인과 인간의 내면에 진실이 있다고 주장하였다.

④ 계몽주의의 최고의 성과가 신에 의한 비합리적인 정치체제의 타파였는데, 혁명을 통하여 드러난 신의 취약한 면을 보고는 절망하였다.

**15.** 다음 내용이 포함된 율곡 이이의 책은?

그 독서하는 순서는 먼저 『소학』으로 근본을 배양하고, 다음으로는 『대학』과 『근사록』으로 그 큰 틀을 정하고, 다음으로 『논어』와 『맹자』, 『중용』, <오경>을 읽고, 그 사이사이에 역사서와 선현들의 성리서를 읽어 의취를 넓히고 식견을 정밀하게 한다.

① 학교모범
② 성학십도
③ 성학집요
④ 입학도설

**16.** 뒤르껭(E. Durkheim)의 교육론에 적절한 것은?

① 학교교육에서 지식교육이 중시되어야 한다고 주장하였다.

② 교사의 권위를 세우기 위해서 체벌은 불가피하다.

③ 학교교육은 사회적 기능을 수행하기 때문에 국가가 관여해야 한다.

④ 시대가 바뀌더라도 도덕교육의 내용은 변하지 않는다.

**17.** 다음에서 설명하는 학습상승이론은?

> - 졸업장은 공인된 품질 증명서
> - Dore의 '졸업장 병'(卒業狀病, diploma disease)
> - Collins는 학력에 따른 임금 격차를 신임장 효과 (credential effect)로 봄

① 인간자본론
② 국민통합론
③ 지위경쟁이론
④ 기술·기능이론

**18.** 수석교사제도에 대한 설명으로 옳지 않은 것은?

① 수석교사는 임용 이후 4년마다 재심사를 받는다.
② 수석교사는 임기 중에 교장 자격을 취득할 수 있다.
③ 수석교사는 교사의 교수·연구 활동을 지원하며, 학생을 교육한다.
④ 수석교사가 되려면 15년 이상의 교육경력(교육전문직 근무경력포함)을 필요로 한다.

**19.** 우리나라 현행지방교육재원 중에서 규모가 가장 큰 것은?

① 지방교육 재정 교부금
② 사용료 및 수수료
③ 정부로부터의 차입금
④ 일반회계로부터 전입금

**20.** 평생교육에 대한 설명으로 올바르지 않은 것은?

① 태아에서 무덤까지 일생을 통한 교육을 수직적으로 통합한 교육과 가정·학교·사회에서 이루어지는 교육의 수평적 통합이다.
② 일반교양 교육과 전문교육의 조화와 균등을 이루도록 노력하며 전인(全)을 지향한다.
③ 평생교육은 형식적·계획적인 형태를 중시한다.
④ 평생교육은 학교교육의 한계성과 역기능을 극복하여 학교교육의 보충, 자기발전을 위한 교육기회를 제공한다.

**1.** 애플의 잠재적 교육과정에 대한 설명으로 옳지 않은 것은?

① 문화적이고 이데올로기적인 측면에서 분석하고 있다.

② 공식적인 교육과정 영역에서도 잠재적 교육과정을 분석하고 있다.

③ 헤게모니 투쟁을 통해 적극적으로 극복하기 위해 노력해야 한다.

④ 현실을 변화시키기 위해서는 실재에 대한 예금식 교육이 선행되어야 한다.

**2.** 교육과정 학자와 그의 업적이 바르게 연결된 것은?

① 타일러(Tyler) : 교육과정을 쿠레레(Currere)의 관점으로 재개념화하였다.

② 워커(Walker) : 목표 설정 - 학습경험의 선정 - 학습경험의 조직 - 평가의 교육과정 구성요소를 밝혔다.

③ 파이너(Pinar) : 실제 교육현장에서 이루어지는 교육과정 개발 과정을 3단계로 제시하였다.

④ 아이즈너(Eisner) : 예술 교육과 교육과정에 대한 질적인 연구를 시도하였다.

**3.** 피아제(J. Piaget)의 인지발달단계를 순서대로 바르게 나열한 것은?

| ㄱ. 구체적 조작기 | ㄴ. 전조작기 |
|---|---|
| ㄷ. 감각운동기 | ㄹ. 형식적 조작기 |

① ㄱ → ㄴ → ㄷ → ㄹ

② ㄱ → ㄷ → ㄴ → ㄹ

③ ㄷ → ㄱ → ㄹ → ㄴ

④ ㄷ → ㄴ → ㄱ → ㄹ

**4.** 다음에 해당하는 학습이론은?

- 강화 없이 관찰하는 것만으로 학습이 일어날 수 있다.
- 개인과 환경이 서로 영향을 주고받는 관계라고 본다.
- 인간의 행동은 보상이나 처벌보다는 자기 조절에 의해 이루어진다.

① 형태주의 학습이론

② 사회인지 이론

③ 행동주의 학습이론

④ 인지주의 이론

**5.** 홀랜드(Holland)의 진로이론에 대한 설명으로 옳지 않은 것은?

① 개인의 행동은 성격과 환경적 특성의 상호작용에 따라 결정된다고 보았다.

② 실재적 유형은 기계, 전기 등과 같이 옥외에서 하는 육체노동에 관련된 직업을 선택하는 경향이 높다.

③ 사회적 유형과 예술적 유형은 매우 높은 상관이 있다.

④ 대부분의 사람들은 실재적, 탐구적, 예술적, 사회적, 기업가, 과학적인 여섯 가지 유형 중의 하나로 분류될 수 있다.

**6.** 출발점 행동에 대한 다음 설명 중 가장 타당한 것은?

① 교사가 수업을 통해 학생에게 바라는 행동의 변화

② 학생이 학습 후 도달해야 할 바람직한 행동

③ 새로운 학습을 하기 이전에 학습했어야 하는 모든 행동

④ 수업목표에 명시된, 즉 도달되어야 할 행동수준

**7.** 어떤 교사가 민주적으로 학급을 운영하고자 한다. 이 교사가 학생들에게 자율적으로 청소를 하게 할 때 교사가 해야 할 일로 가장 중요한 것은?

① 학생들의 활동을 잘 관찰할 수 있는 위치를 확보한다.

② 청소와 관련된 규칙을 만들 때부터 학생들이 참여하도록 한다.

③ 먼저 청소의 모범을 보여 학생들을 감농시키도록 노력한다.

④ 학생들 각자가 맡은 청소구역을 보다 구체적으로 제시하고 책임을 분명히 한다.

**8.** 수행평가에 대한 내용으로 맞는 것은?

① 평가자체가 평가받아야 한다는 입장이다.

② 수업이 끝난 후에 실시되는 평가이다.

③ 객관화되고 표준화된 도구를 사용한다.

④ 학습의 과정을 위한 평가이다.

**9.** (가)와 (나) 학습의 특징을 (다)와 같이 나타낼 때 (  )안에 들어갈 내용으로 옳은 것은?

(가) 이 학습의 모형은 복수의 이질집단들이 집단별로 교육내용을 한 영역씩 나누어 맡아 팀별로 학습한 후 해당내용에 대해 책임을 지고 원 소속 팀의 학습을 책임지는 형태이다.

(나) 또 다른 학습모형은 학생들이 넷 혹은 다섯 명으로 구성된 학습 팀으로 조직하게 되는데, 각 팀은 전체 학습의 축소판처럼 학습능력이 높은 학습자, 중간의 학습자, 낮은 학습자의 이질적인 학습자들로 구성된다.

(다) 위의 두 학습모형은 동기론적 관점과 사회적 관점에서 볼 수 있는데, 동기론적 관점에서는 학습의 효율성을 위하여 (      )을/를 강조하고, 사회적 관점에서는 협동기술을 강조한다.

① 심화학습              ② 집단보상

③ 지식의 구조          ④ 무임승객 효과

**10.** 문항난이도(곤란도)에 대한 설명 중 옳은 것은?

① 높은 계수가 산출되면 어려운 문항을 의미한다.

② 각 문항에 대한 전체 피험자 집단의 반응 중 오답자 비율로 산출된다.

③ 검사에 나타난 각 문항의 어렵고 쉬운 정도이다.

④ 문항배열 순서를 정하는 데 사용되며 난이도 지수는 100%로 산출되는 것이 이상적이다.

**11.** <보기>의 내용과 같은 특징을 지니고 있는 민츠버그(H. Minzberg)의 조직구조 기본 유형은?

<보기>
- 조직의 주요 부분은 핵심 작업층이다.
- 조직의 주요 조정 기제는 기술의 표준화이다.

① 단순구조
② 임시 구조
③ 기계적 관료구조
④ 전문적 관료구조

**12.** 다음은 타인과 의사소통을 할 때 영향을 주는 네 가지 유형의 정보를 나타내는 '조하리(Johari window)'이다.

| | 자신에 관한 정보가 자신에게 알려짐 | 자신에 관한 정보가 자신에게 알려지지 않음 |
|---|---|---|
| 자신에 관한 정보가 타인에게 알려짐 | Ⅰ영역 | Ⅱ영역 |
| 자신에 관한 정보가 타인에게 알려지지 않음 | Ⅲ영역 | Ⅳ영역 |

조하리 창에서 <보기>의 교사가 속한 영역은?

<보기>
- 자기 이야기는 많이 하면서 상대방의 이야기에는 귀를 기울이지 않는다.
- 인간관계 개선을 위하여 다른 사람들로 하여금 자신에 대한 생각과 감정을 노출시키도록 격려할 필요가 있다.

① Ⅰ영역
② Ⅱ영역
③ Ⅲ영역
④ Ⅳ영역

**13.** 서양의 교육철학 사조에 대한 설명으로 옳지 않은 것은?

① 분석철학은 철학 고유의 기능을 언어와 그 언어에 의해 표현되는 개념의 분석을 통해 사물을 이해하는 데 두고 있다.
② 실존주의 교육철학의 교육의 목적은 자유롭고 주체적이며 창조적인 인간형성에 있다.
③ 비판철학은 교과지식의 획득과 사회의 구조적 문제해결에 관심을 둔다.
④ 포스트모더니즘은 인간 주체, 이성, 역사의 진보 등이 모두 신화에 불과할 뿐만 아니라 실제로 이성이 인간을 해방시키는 것이 아니라 도리어 억압해 왔다고 본다.

**14.** 17세기 대표적 교육사상가로서 "인간은 백지(Tabile Lase)와 같다."고 말한 사람은?

① 듀 이
② 로 크
③ 루 소
④ 페스탈로찌

**15.** 다음 설명에 해당하는 조선시대 교재는?

- 중종 때 박세무가 저술하였다.
- 학습내용을 경(經)과 사(史)로 나누어 제시하였다.
- 일제 강점기에는 우리 역사를 다룬다는 이유로 서당의 교재로 쓰지 못하게 하였다.

①『동몽선습』
②『소학』
③『입학도설』
④『훈몽자회』

**16.** 뒤르껭(E. Durkheim)의 교육론에 적절한 것은?

① 학교교육에서 지식교육이 중시되어야 한다고 주장하였다.

② 교사의 권위를 세우기 위해서 체벌은 불가피하다.

③ 학교교육은 사회적 기능을 수행하기 때문에 국가가 관여해야 한다.

④ 시대가 바뀌더라도 도덕교육의 내용은 변하지 않는다.

**17.** 저항이론에 대한 설명으로 적절하지 않은 것은?

① 구조에 인간을 한정시킴으로써 지배계급에 종속되는 구조적 존재로 보고 있다.

② 인간을 새로운 사회개혁을 주도하는 능동적이고 자율적인 존재로 인식한다.

③ 이 학교의 문제아들은 가부장적 육체문화가 지배하는 부모의 공장문화를 선호한다.

④ 사나이들은 자신들이 열등한 사회구조적 위치에 있는 것을 간파(penetration)하고, 구조적 순응을 거부하는 반문화(counter culture) 행위를 한다.

**18.** 2급 정교사인 사람이 1급 정교사가 되고자 할 때 받아야 하는 연수는?

① 직무연수

② 지정연수

③ 특별연수

④ 자격연수

**19.** 「초·중등교육법」에 근거할 때, 학교회계에 대한 설명으로 옳은 것은?

① 지방자치단체의 교육비특별회계의 전입금은 학교회계의 세입항목이 아니다.

② 학교회계 세입세출 예산안은 학교운영위원회의 심의를 거쳐야 한다.

③ 학교회계의 회계연도는 매년 1월 1일에 시작하여 12월 말일에 종료된다.

④ 학교발전기금으로부터 받은 전입금은 학교회계의 세입으로 할 수 없다.

**20.** 렝그랑(P. Lengrand)에 대한 설명으로 옳지 않은 것은?

① 유네스코의 평생교육 지향에서 가장 중요한 인물 중 한 사람이다.

② 『평생교육에 대한 입문』은 평생교육의 개념 정립보다는 평생교육의 대두 배경을 제시하였다.

③ 학교 졸업 이후에 학습지원을 위한 제도적 장치 마련을 강조하였다.

④ 평생학습을 통해 개인이 가진 다양한 소질을 계속적으로 발전시키는 교육

**1.** 제7차 교육과정에서는 단위학교에서 학교 교육과정을 편성·운영하도록 하고 있다. 이에 따라 변화될 학교 교육의 모습으로 가장 적절하지 않은 것은?

① 교육과정 전문가로서 교사의 자율성이 강화된다.
② 학교의 다양한 특성을 충분히 살려 교육을 실천할 수 있다.
③ 교사, 교과서 중심의 교육이 학생, 교육과정 중심의 교육으로 전환하게 된다.
④ 학교는 국가 교육과정의 틀과 통제에서 벗어나 교육과정을 자율적으로 운영할 수 있다.

**2.** 실제 교수·학습 활동을 중요한 개념적 요소로 포함하는 교육과정의 정의는?

① 교육과정은 학교의 시도 아래 학생이 겪는 경험이다.
② 교육과정은 교과 혹은 교과목에 담긴 내용이다.
③ 교육과정은 교육활동을 위한 문서화된 계획이다.
④ 교육계획으로서의 교육과정이다.

**3.** 학생이 문제해결능력을 돕기 위한 비고츠키(L. Vygotsky)의 관점으로 바람직한 것은?

① 서열화 평가를 실시한다.
② 시험 환경을 엄격하게 통제한다.
③ 표준화 지능검사 문항을 풀게 하여 학생의 지적 발달 수준을 측정한다.
④ 학생이 혼자서 풀 수 있는 문제와 도움을 받아야 하는 문제를 모두 평가하여 지적 발달 수준을 측정한다.

**4.** 다음 설명에 해당하는 이론은?

- 실제 학습이 이루어졌지만 그것이 직접 관찰할 수 있는 행동(즉, 수행)으로 나타나지 않은 학습이다.
- 구체적인 행동이 아니라 인지도(cognitive map)를 학습한다.
- 학습은 자극-반응을 결합하는 것이 아니라 어떤 행동을 하면 특정한 결과를 얻을 것이라는 기대를 획득하는 것이다.

① 목적적 행동주의
② 사회적 구성주의
③ 행동주의
④ 정보처리 이론

**5.** 상담기법에 대한 설명으로 옳은 것은?

① 수용 : 내담자의 행동, 사고, 감정에 있는 불일치나 모순을 깨닫도록 하는 것

② 질문 : 상대방이 이야기한 것을 이해하고 받아들였다는 것을 표현하면서 상대방의 사고흐름을 방해하지 않는 것

③ 직면 : 내담자의 사고·느낌·행동방식을 구체적으로 확인하는 것으로, 내담자가 새로운 시각에서 생각해 볼 수 있는 자극이 된다.

④ 공감 : 내담자의 내면에 있는 감정을 상담자가 자신의 감정인 것처럼 느끼면서 내담자와 소통하는 것이다.

**6.** 다음 <보기>의 내용은 켈러(Keller)의 학습동기화(ARCS) 모형에 대한 설명이다. 관련이 있는 것은?

<보기>
• 그 친밀한 인물이나 그림, 사건 및 배경지식을 활용한다.
• 실용성에 중점을 둔 목적지향적인 학습형태를 활용한다.
• 다양한 수준의 목적을 제시하면서 필요나 동기와 합리성을 강조한다.

① 주의집중　　　② 자신감
③ 관련성　　　④ 만족감

**7.** 원격교육에 대한 설명 중 옳은 것은?

① 다수 학습자가 동시에 교육 받는다.
② 학습의 질 관리 평가가 용이하다.
③ 인간적인 대면접촉의 기회가 증가한다.
④ 교사와 학생 간 의사소통이 원활하다.

**8.** 다음 그래프는 문항반응이론의 '3-모수' 모형으로 추정한 문항 난이도, 변별도, 추측도를 바탕으로 그린 문항특성곡선이다. 네 문항의 특성에 대한 설명 중 옳은 것은?

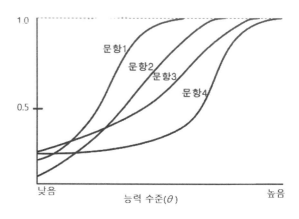

① 문항 1은 문항 2보다 변별도가 낮다.
② 문항 2는 문항 3보다 추측도가 높다.
③ 문항 3은 문항 4보다 변별도가 높다.
④ 문항 4는 능력 수준이 높은 사람들을 변별하는 데에 적합하다.

**9.** 제3의 다른 평가결과와 비교하여 본래 시험과의 상관계수를 산출하는 것을 어떤 타당도인가?

① 구인타당도　　　② 내용타당도
③ 공인타당도　　　④ 예언타당도

**10.** 다음 내용 중 행동과학 이론과 관련되는 것은?

① 최소의 노동과 비용으로 효과를 올리려는 경영의 합리화 운동이다.

② 인간의 정서적 비합리적인 면을 중요시하면서 작업능률을 향상시키자는 관리법이다.

③ 인간행위에 대한 이론의 수립을 목표로 여러 과학 분야에서 이루어진 행동연구를 하나의 통일적인 이론체계로 종합하려는 학문이다.

④ 한 전문가 집단의 의견과 판단을 추출하고 수합하여 합의점을 찾아내는 조사방법이다.

**11.** 학교운영발전기금에 대한 설명으로 올바른 것은?

① 발전기금은 교원의 복지에 사용될 수 있다.
② 기금의 집행은 학교장에게 위탁할 수 있다.
③ 관리·운용에서 출납 명령기관은 당해 학교회계 출납원이다.
④ 발전기금은 학교장의 명으로 조성·운영한다.

**12.** 교원관련 정책 중 교원의 전문성 신장과 관련이 적은 것은?

① 초빙교사제 실시
② 교원복수노조 허용
③ 자율연수기회 확대
④ 교원의 현장연구 지원

**13.** 피터스(Peters)가 교육의 개념을 정의하는 데 사용한 용어로 알맞은 것은?

① 지식의 형식
② 지식의 구조
③ 사회적 실제
④ 성년식

**14.** 헤르바르트(Herbart)의 교육사상에 대한 설명으로 옳지 않은 것은?

① 교육의 모든 세부적 목적들을 포괄하는 최고의 목적으로 도덕성의 함양을 강조하였다.
② 심리학과 윤리학을 교육학의 기초학문으로 삼았다.
③ 명료 - 연합 - 체계 - 방법이라는 4단계 교수법을 제시하였다.
④ 놀이의 교육적 가치를 실현하기 위해서 '은물(가베)'이라는 이상적 놀이감을 구현 하였다.

**15.** 다음은 한국의 교육기관에 대한 설명으로 옳은 것은?

① 성균관에서는 학생들의 자치활동을 허용하지 않았다.
② 학교교육의 시작은 상고시대부터 시작되었다.
③ 5부학당은 국자감에 입학하지 못한 개경의 학생들에게 향교 정도의 교육을 시킨 기관이다.
④ 학당은 오늘날 공립학교의 토대가 되었다.

**16.** 신교육사회학에 대한 설명으로 옳지 않은 것은?

① 학교 교육과정 또는 교육내용에 주목한다.
② 불평등의 문제를 학교 교육 안에서 찾는다.
③ 학교에서 가르치는 지식의 사회적 성격을 탐구한다.
④ 거시적 관점에서 학교교육의 문제를 이해하려고 한다.

**17.** 일리치(I. Illich)의 주장으로 옳지 않은 것은?

① 교육은 인간의 자주성과 창의성을 마비시키고 인간을 정형화된 규격체로 양성하고 있다고 한다.

② 지배계급의 도구적 수단으로 전락한 교육 형태는 은행저축식교육이다.

③ 정형화된 틀을 강요하는 교육에서 벗어나는 '탈학교'를 주장하였다.

④ 모든 사람이 언제, 어디서든 원하면 교육을 받을 수 있는 '학습망(learning web)'을 제안하였다.

**18.** 전직에 해당하지 않는 것은?

① 초등학교 교장이 장학관이 되었다.

② 초등학교 교사가 중학교 교사가 되었다.

③ 중학교 교장이 교육감이 되었다.

④ 교육지원청 장학사가 도교육청 장학사로 임용된 경우

**19.** 초·중등교육법상 우리나라 국·공립 초등학교·중학교·고등학교 및 특수학교의 학교회계제도에 대한 설명으로 옳지 않은 것은?

① 학교회계의 회계연도는 매년 3월 1일에 시작하여 다음 해 2월 말 일에 끝난다.

② 학교운영위원회 심의를 거쳐 학부모가 부담하는 경비는 학교회계의 세입으로 한다.

③ 학교의 장은 회계연도마다 학교회계 세입세출예산안을 편성하여 학교운영위원회에 제출하여야 한다.

④ 단위학교 행정실장은 회계연도마다 결산서를 작성하여 회계연도가 끝난 후 2개월 이내에 학교운영위원회에 제출하여야 한다.

**20.** 노울즈(M. Knowles)의 자기주도적 학습(self-directed learning)에 대한 설명으로 잘못된 것은?

① 초인지 학습전략을 적용한다.

② 아동을 위한 학습전략으로 시작되었다.

③ 개별학습 또는 협동학습 방법을 사용한다.

④ 자신들의 선택에 의하여 학습상황에 참여한다.

**1.** 타일러(R. W. Tyler)의 교육과정 이론에 대한 설명으로 옳지 않은 것은?

① 교육목표를 설정할 때 학습자, 사회, 교과를 균형 있게 고려한다.

② 학습목표를 행위동사로 진술할 것을 주장한다.

③ 처방적, 연역적, 직선적 모형이다.

④ 정치적 모형이라는 비판을 가하였다.

**3.** 에릭슨(Erikson)의 심리사회적 발달단계에 따라 취학 전 아동의 주도성(initiative)을 격려하기 위한 수업지침으로 가장 적절한 것은?

① 어린이들이 좋아하는 이야기에 어울리는 옷을 스스로 선택하고 등장인물이 되어 실연하면서 학습에 참여하게 한다.

② 음식이나 애정을 통해 영아의 요구를 충족시켜 준다.

③ 유명한 위인들의 생일을 표시한 달력을 만들어 각각의 생일마다 그 사람의 업적에 대해서 토론하고 자신의 미래 직업에 대해 탐색하게 한다.

④ 음식을 먹을 때 남의 도움을 받지 않고 자신의 힘으로 먹는다.

**2.** 스킬벡(Skilbeck)의 학교중심 교육과정 개발 모형에서 상황 분석의 내적요인으로 적절하지 않은 것은?

① 학생의 적성

② 교사의 가치

③ 학교 풍토

④ 학부모 요구

**4.** 숙달목표지향성의 특징에 해당하지 않는 것은?

① 내재 동기

② 능력 입증

③ 노력 귀인

④ 내적 자기참조 기준

**5.** 다음에 해당하는 프로이트(Freud)의 성격 구조 요소는?

- 현실적인 외부세계와 관계를 추구한다.
- 성격의 행정부로서 제어하고 통제하며, 조절한다.
- 욕구충족을 위한 활동계획을 수립한다.

① 무의식　　　　　　② 원초아
③ 자아　　　　　　　④ 초자아

**6.** 체계적 교수설계 모형인 ASSURE 모형에서 다음과 관계 깊은 것은?

- 제1단계 : 자료 미리 보기
- 제2단계 : 제시 순서 결정
- 제3단계 : 환경 정비
- 제4단계 : 학습자의 사전 준비
- 제5단계 : 학습 경험 제공하기

① 학습자 분석
② 학습자 참여
③ 매체와 자료 활용
④ 방법, 매체 및 자료 선정

**7.** 구성주의 학습과 관련된 내용으로 옳은 것은?

① 학습자 스스로 탐구하는 데에 도움이 되는 심상 및 부호화 전략을 쓰는 것을 선호한다.
② 인지적 도제학습(cognitive apprenticeship)에서 교사는 지식의 전달자로서 역할을 수행한다.
③ 문제기반학습(Problem-Based Learning: PBL)에 따르면 복잡하고 비구조화된 문제를 창안할 때의 주의점으로 실제 생활과는 관련이 없어야 한다.
④ 상황학습(situated learning)에서 학습자는 실제 환경에서 전문가의 행동을 관찰하는 것을 시작으로 전문가가 되어 간다.

**8.** 다음 설명에 해당하는 크래쓰월(D. Krathwohl)의 교육목표 분류 범주는?

- 정의적 행동 특성의 최고단계
- 가치화와 가치체계의 조직이 징착되면 가치체계가 내면화되어간다.

① 반응　　　　　　　② 가치화
③ 조직화　　　　　　④ 인격화

**9.** 다음 (　　　)안에 들어갈 말은?

실험에서 독립변인 이외의 다른 변인들이 종속변인에 미치는 영향이 잘 통제되었다면 실험결과의 (　　　)가 높을 것이다.

① 내적타당도　　　　② 내용타당도
③ 예언타당도　　　　④ 공인타당도

**10.** 교육행정 관련 이론과 관련하여 체제이론으로 적절하지 않은 것은?

① 학교 구성원들은 역할과 인성의 상호작용을 통해 행동한다.
② 학교는 지역사회의 가치, 정치 및 역사 등에 의해 영향을 받는다.
③ 학교의 주요 목적은 학생들에게 성인의 역할을 하도록 준비시키는 것이다.
④ 과학적 관리론과 인간관계론의 관점을 통합해 보려는 시도가 나타나기 시작하였다.

**11.** 학교의 교장-교감-담임과 교육청의 국장-과장-계장에 부합되는 조직은?

① 보조조직                ② 참모 조직
③ 계선조직                ④ 프로젝트조직

**12.** 다음 A와 B의 대화 내용과 관련이 있는 것은?

> A : 사람들은 보통 일을 싫어하고 안정지향적인 습성이 있습니다. 따라서 조직목표 달성을 위해서는 게으리 일하면 벌을 받게 되고 통제받지 않으면 안 된다고 봅니다.
>
> B : 저는 그렇게 보기 않습니다. 그런 관점으로는 구성원들의 동기를 유발시킬 수 없습니다. 인간은 자율적이고 창의적인 존재이므로 인간 내부의 잠재력을 촉진시켜야 합니다.
>
> A : 세상에는 그런 사람들이 별로 없다고 봅니다. 그러니까 금전이나 보너스, 벌 등으로 동기를 부여 해야 합니다.
>
> B : 물론 그럴 수도 있습니다. 그러나 그것은 조직 목표 달성을 위한 유일한 방법은 아니므로 외부의 통제를 서서히 약화시키고 자율과 자제로 책임감을 기르고 성취감을 맛볼 수 있는 기회를 열어주어야 하지 않을까요?

① 브룸(Vroom)의 기대이론
② 맥그리거(Mcgregor)의 X-Y이론
③ 매슬로우(Maslow)의 욕구위계이론
④ 허즈버그(Herzberg)의 동기-위생이론

**13.** 조선 후기의 자찬 교재가 아닌 것은?

① 입학도설                ② 사소절
③ 아희원람                ④ 하학지남

**14.** 교육 사상가와 저서를 바르게 연결되지 않은 것은?

① 헤르바르트 - 일반 교육학
② 루소 - 에밀
③ 코메니우스 - 대교수학
④ 페스탈로찌 - 유치원의 교육학

**15.** 포스트모더니즘(postmodernism)의 입장에 가장 가까운 것은?

① 지식의 구조와 학문적 성과의 전달을 중시한다.
② 인류의 고전적 문화 유산의 계승 전달을 추구한다.
③ 포스트모더니즘은 반정초주의(anti-foundationalism)를 표방한다.
④ 거대 서사(grand narratives)의 체계적 지식 전달을 지향한다.

**16.** 보울스(S. Bowles)와 긴티스(H. Gintis)의 대응이론(correspondence theory)에서 바라본 교육과 노동의 사회적 관계에 대한 설명으로 옳지 않은 것은?

① 학교교육은 지배계급의 사회적 이점을 유지하며, 재생산 기능을 수행하는 제도적 장치라고 인식하고 있다.
② 학교에서의 성적 등급은 작업장에서의 보상 체제와 일치한다.
③ 작업장에서의 사회적 관계는 학교에서의 사회적 관계에 그대로 반영되어 있다.
④ 기존의 객관화된 검사 자체가 완전한 과학적 근거를 갖추고 있다고 본다.

**17.** 번스타인(B. Bernstein)의 교육과정사회학 이론 중 분류(classfication)의 개념에 대한 설명으로 바른 것은?

① 분류는 교과 또는 학과 내의 내용 구분을 말한다.
② 분류가 강한 경우 타 분야와의 교류가 활발해진다.
③ 분류가 약한 경우 상급 과정으로 올라갈수록 교과내용이 전문화·세분화된다.
④ 분류가 약할수록 교육과정이 사회·경제적 요구에 민감하게 반응하여 변화한다.

**18.** 현행 교육 관련법에서 교원에 대하여 규정하고 있는 내용으로 옳지 않은 것은?

① 교원은 어떠한 경우에도 소속 학교의 장의 동의 없이 학원 안에서 체포되지 아니한다.
② 교권은 존중되어야 하며, 교원은 그 전문적 지위나 신분에 영향을 미치는 부당한 간섭을 받지 아니한다.
③ 교원은 특정한 정당이나 정파를 지지하거나 반대하기 위하여 학생을 지도하거나 선동하여서는 아니된다.
④ 교원은 교원의 경제적·사회적 지위를 향상시키기 위하여 각 지방자치단체와 중앙에 교원단체를 조직할 수 있다.

**19.** 공립의 초등학교·중학교·고등학교 및 특수학교의 학교회계제도에 대한 설명으로 옳은 것은?

① 학교 예산안은 학교운영위원회의 심의 사항이 아니다.
② 교직원은 예산요구서를 작성하여 제출하는 방식으로 학교 예산안을 편성하는 과정에 참여할 수 있다.
③ 학교시설의 유지관리비는 예산안이 확정되지 아니한 때에는 전년도 예산에 준하여 집행할 수 없다.
④ 학교장은 회계연도마다 학교회계 세입세출예산안을 편성하여 회계연도가 시작되기 10일 전까지 학교운영위원회에 제출하여야 한다.

**20.** 평생교육 제도에 대한 설명으로 옳지 않은 것은?

① 학습휴가제 - 평생학습 기회를 확대하기 위하여 소속 직원에게 유급 또는 무급의 학습휴가를 실시 할 수 있다.
② 평생교육사 - 평생교육을 담당하는 전문인력에 관한 제도이다.
③ 학습계좌제 - 평생교육을 촉진하고 인적자원의 개발·관리를 위해 국민의 개인적 학습경험을 종합적으로 집중 관리한다.
④ 학점은행제 - 취득한 학점은 일정 조건을 갖추게 되면, 독학학위제의 시험 응시자격에 활용될 수 없다.

**1.** 다음은 교육과정 조직의 원리 중 무엇에 해당하는가?

> 이 원리는 특정한 시점에서 학생들이 배워야 할 내용이 무엇이고, 그 내용을 얼마나 깊이 있게 배워야 하는가를 결정한다. 여기서 배워야 할 내용은 학교급, 학년, 교과목에 따라 달라지며, 깊이는 배울 내용에 할당된 수업시수로 표현된다.

① 계열성(sequence)의 원리
② 계속성(continuity)의 원리
③ 통합성(integration)의 원리
④ 범위(scope)의 원리

**2.** 학문중심교육과정의 기본관점에 대한 설명으로 옳은 것은?

① 교과내용을 미리 선정하거나 조직하지 않고 학습의 장에서 결정한다.
② 교과의 중요성은 구체적인 내용에 있기보다는 내용을 담는 형식에 있다.
③ 학습의 계열화를 통한 나선형 교육과정을 강조한다.
④ 교육과정의 효율성을 위하여 체계적이고 과학적인 방법론을 적용한다.

**3.** 길리건(Gilligan)의 도덕성 발달이론의 특징에 대한 설명으로 맞지 않는 것은?

① 여성은 정의와 개인의 권리라는 관점에서 도덕적 판단을 하는 경향이 있다.
② 남성과 여성의 도덕적 지향과 선호는 다르다.
③ 여성들의 도덕성 발달이론을 3단계와 2개의 과도기로 제시하였다.
④ 도덕성에서 감정과 정서가 중요한 역할을 한다.

**4.** 다음 설명에 해당하는 동기이론은?

> 학생은 자기 자신의 행동과 운명을 자율적으로 선택할 수 있다.
> 학습에 대한 선택권을 제공함으로써 학생의 자율성을 신장시킬 수 있다.
> 학생이 스스로 과제를 선택할 때, 보다 오랫동안 과제에 참여하고 즐거운 학습경험을 하게 된다.

① 귀인이론
② 기대 - 가치이론
③ 자기결정성 이론
④ 자기효능감 이론

**5.** 스트레스에 대처하는 다양한 방어기제들에 대한 설명으로 옳은 것은?

① 퇴행 - 사회적으로 가치있는 일을 성취하려고 노력함으로써 자신이 억압당하고 있는 욕구를 만족시키는 것

② 합리화 - 만족이 주어졌던 발달 초기의 수준으로 돌아가 미숙한 반응을 나타내어 불안을 극복하려는 것

③ 승화 - 자신의 욕구를 만족시키지 못하는 대상에 대해 그럴듯한 이유를 둘러대는 것

④ 동일시 - 다른 사람의 행동특성이나 심리특성을 자신의 특성처럼 받아들여 불안을 극복하려는 것

**6.** 웹기반 학습에 관한 다음의 대화에서 두 교사가 활용한 교수·학습 전략을 바르게 짝지은 것은?

> 김 교사 : 복잡한 개념을 가르치기 위해 다양한 관점을 보여주는 여러 사례들을 모은 웹사이트를 만들었어요. 그래서 학생들이 비계열적 방식으로 자유롭게 사례들을 찾아다니며 그 개념을 이해할 수 있도록 했어요.
>
> 박 교사 : 글쎄요, 그릴 경우 학생들이 방향감을 상실할 수도 있지 않을까요? 그래서 저는 학생들이 웹상의 정보를 탐색할 때마다 스스로 목표를 정하여 학습하게 하고, 그 후에는 정보 탐색 활동에 대한 기록과 점검을 통해 자기평가를 수행하도록 했어요.

| | 김 교사 | 박 교사 |
|---|---|---|
| ① | 정착(anchored) 수업 | 순차식-발견식 수업 |
| ② | 분지형(branching) 프로그램 | 자기조절 학습 |
| ③ | 분지형 프로그램 | 정착 수업 |
| ④ | 인지적 유연성(flexibility)이론 | 자기조절 학습 |

**7.** 다음 중 학자와 이론이 바르게 짝지어지지 않은 것은?

① 스키너(Skinner) - 행동주의 학습이론

② 블룸(Bloom) - 완전 학습이론

③ 브루너(Bruner) - 발명적 교수이론

④ 오수벨(Ausubel) - 유의미학습이론

**8.** 스크리븐(Scriven)의 탈목표 모형으로 맞는 것은?

① 고전적이지만 가장 많이 알려진 모형이다.

② 수업목표를 평가기준으로 달성도를 확인한다.

③ 의사결정을 판단하는 정보 획득을 추구한다.

④ 프로그램의 수정·보완하는 정보 획득을 추구한다.

**9.** 측정관, 평가관, 총평관에서 측정관에 대한 설명으로 옳은 것은?

① 가치중립적

② 목적과 가치에 중점

③ 다당도 중시

④ 전인적 발달

**10.** 학교조직의 관료제화 경향을 가장 잘 나타내고 있는 것은?

① 학교 관련 법규가 늘어나고 있다.
② 학교 규모가 점차 축소되어가고 있다.
③ 학교에 대한 상급기관의 압력이 점차 줄고 있다.
④ 학교에서 교사들의 상호조절 기회가 늘어나고 있다.

**11.** 교육행정 과정의 요소인 '조정'에 대하여 가장 바르게 설명한 것은?

① 공동목표 달성을 위한 분업적 협동체제의 구성하는 과정
② 조직 구성원의 과업에 대한 성취의욕을 고취시키는 과정
③ 조직체 내에서 구성원의 노력을 통합하고 조절하는 과정
④ 교육목적을 달성할 수 있는 방법과 수단을 효율적으로 준비하는 과정

**12.** 다음은 에치오니(Etzioni)의 조직유형론의 기준과 예시를 나타낸 것이다. ㉠~㉣에 들어갈 내용을 바르게 연결한 것은?

|  | 소외 | 타산 | (㉠) |
|---|---|---|---|
| 강제 | (㉡) |  |  |
| 보상 |  | (㉣) |  |
| (㉢) |  |  | 학교 |

| | ㉠ | ㉡ | ㉢ | ㉣ |
|---|---|---|---|---|
| ① | 보상 | 군대 | 친밀 | 종합병원 |
| ② | 헌신 | 교도소 | 규범 | 일반회사 |
| ③ | 몰입 | 복지기관 | 통합 | 종교단체 |
| ④ | 협동 | 소방서 | 지원 | 전문대학 |

**13.** 다음 중 진보주의 교육관에 대한 설명으로 적합하지 못한 것은?

① 교육내용 : 아동의 흥미, 필요, 능력을 중심으로 하여 심리학적 원리에 따라 구성되었다.
② 교육관 : 선발적 교육관보다 발달적 교육관을 적용한다.
③ 학생관 : 학생 스스로 학습 할 수 있는 능력을 기르도록 한다.
④ 진리관 : 절대적 진리관을 신봉한다.

**14.** 교육사상가와 관련된 내용으로 연결이 잘못된 것은?

① 루소(Rousseau) - 자연주의 - 『에밀』
② 로크(Locke) - 인문주의 - 『인간오성론』
③ 페스탈로치(Pestalozzi) - 신인문주의 - 『은자의 황혼』
④ 듀이(Dewey) - 진보주의 - 『민주주의와 교육』

**15.** 조선시대 성균관의 내용으로 옳지 않은 것은?

① 순수한 유학(儒學) 교육기관이다.
② 성균관에는 원칙적 소과에 합격한 생원과 진사가 입학하도록 되어 있었다.
③ 교육목적은 유교사상을 보급하는 것과 지배체제에 필요한 관리를 양성하는 것이다.
④ 주요 교과는 5경 3사로 이루어졌다.

**16.** 다음은 학교의 사회적 역할과 기능에 대한 적합한 이론에 해당하는 것은?

> 학교에서 교장과 교사, 교사와 학생, 학생과 학생, 학생과 학업 사이의 관계는 위계적 노동 분업을 그대로 본뜨고 있다. 자본주의 기업체의 노동 분업처럼 학교제도도 정교하게 구분된 위계적 권위와 통제 체제를 가지고 있으며, 경쟁과 외적인 보상체계가 참여자들의 관계를 지배한다.

① 헤게모니      ② 대응원리
③ 아비투스      ④ 인간자본

**17.** 지식사회학에 대한 설명이 아닌 것은?

① 지식의 보편성. 절대성을 추구한다.
② 만하임(K. Mannheim)과 셸러(M. Scheller)가 대표자이다.
③ 모든 지식은 사회적으로 구성되며 지식을 획득하는 사람들의 문화를 통하여 길러지고 해석된다.
④ 인간의 전체 의식구조는 사회적 제조건에 의하여 규정된다고 보며, 현상학적 관점과도 상통한다.

**18.** 초·중등학교에 근무하는 교원과 직원의 신분에 대한 설명으로 옳은 것은?

① 교육행정직원은 교육전문직원이다.
② 공립학교 행정실장은 교육공무원이다.
③ 교장은 특정직 공무원이다.
④ 공무원인 교원은 일반직 공무원이다.

**19.** 학교회계의 운영에 관한 내용으로 옳지 않은 것은?

① 학교 발전기금은 학교운영위원회 위원장 명의로 조성 운용되어야 한다.
② 학교운영위원회는 학교회계세입세출예산안을 회계연도 개시 5일 전까지 심의해야 한다.
③ 학교장은 결산서를 작성하여 회계연도 종료 후 2월 이내에 해당 시·도교육청에 제출해야 한다.
④ 학교 회계의 주요 세입원은 국가의 일반 회계 또는 지방 자치단체의 교육비 특별 회계로부터의 전입금이다.

**20.** 평생교육과 거리가 먼 것은?

① 사내대학은 피교육자가 비용을 부담한다.
② 사내대학도 전문대 및 대학의 학력이나 학위를 인정한다.
③ 인간문화재로 지정된 명인 등으로부터 일정한 교육을 받은 자에게 그에 상응하는 학력을 인정한다.
④ 장관은 평생교육관련 과목을 일정학점 이수한 자 또는 평생교육사 양성기관에서 소정의 과정을 이수한 자에게 평생교육사의 자격을 부여한다.

**1.** 인간중심(인본주의)교육과정에 대한 설명으로 옳지 않은 것은?

① 비인간성과 교과가 주인이 되는 것을 비판하면서 1960~70년대 등장하였다.

② 자아실현을 목표로 한다.

③ 교육을 삶 그 자체로 간주하고 학생의 정서를 중시한다.

④ 잠재적 교육과정보다 목표 중심의 교육과정을 중시한다.

**2.** 다음 설명에 해당하는 교육과정 조직의 원리는?

- 이전에 배운 내용과 앞으로 배울 내용의 관계에 초점
- 특정한 학습의 종결점이 다음 학습의 출발점과 연결
- 학년아나 단원의 교육내용을 자연스럽게 연결

① 범위        ② 계속성

③ 수평적 연계성      ④ 수직적 연계성

**3.** 피아제(Piaget)의 형식적 조작기에 해당되는 아동의 인지적 특성으로 알맞은 것은?

① 가지고 놀던 인형을 종이로 가리면 영아는 그 인형을 찾지 못한다.

② 장난감이나 인형과 같은 생명이 없는 모든 사물도 생명과 감정을 가지고 있다고 생각한다.

③ 비유, 풍자, 은유 등과 같은 복잡한 언어형식을 이해한다.

④ 가역성의 개념을 획득하여 보존 과제를 성공적으로 수행할 수 있게 된다.

**4.** 지능에 대한 설명으로 옳은 것은?

① 서스톤(Thurstone) - 지능의 구성요인으로 7개의 기본정신능력이 존재한다.

② 길포드(Guilford) - 8개의 독립적인 지능이 존재하며, 각각의 지능의 가치는 문화나 시대에 따라 달라진다.

③ 가드너(Gardner) - 지능은 내용, 산출, 조작(operation)의 세 차원으로 구성되어 있다.

④ 스턴버그(Sternberg) - 지능은 유동적 지능과 결정적 지능으로 구성되며 결정적 지능은 경험에 따라 변힐 수 있다.

**5.** 로저스(Rogers)의 인간중심적 상담에서 상담자에게 필요한 태도로 옳지 않은 것은?

① 자유연상
② 공감적 이해
③ 진솔성
④ 무조건적 긍정적 존중

**6.** 가네의 학습의 5대 영역 중 옳게 설명한 것은?

① 운동기능은 '중요한 논쟁점을 구두로 진술한다'와 같이 명제적 지식과 관련된다.
② 지적기능은 학습자가 여러 종류의 활동, 대상, 사람 중 어느 것을 선택하는 방법이다.
③ 언어적 정보는 '자전거 타기'와 같이 반복적 연습을 통해 학습하는 것이다.
④ 인지전략은 학습자의 내적 사고를 통제과정으로 새로운 아이디어 창출, 즉 창의력과 관련된다.

**7.** 디지털 교과서 개발 과정으로 적절한 것은?

① 설계 - 실제 적용 및 교수학습 과정 지원
② 개발 - 매체의 특성에 부합하는 제시 전략 수립
③ 분석 – 전자 매체의 기술적 동향 분석
④ 실행 - 평가 실시 및 지원

**8.** 측정과 평가를 비교·설명한 것으로 적절하지 않은 것은?

① 측정은 객관적인 시험점수가 쓰이고, 통계적인 방법으로 표준화검사를 계산해낸다.
② 평가는 측정에서 얻은 자료를 기초로 교육목적 달성도를 종합적으로 검토하고 그 가치유무를 따지는 것이다.
③ 측정은 절차나 방법상의 표준화를 중시하며 반응점수의 객관도와 신뢰도를 중시한다.
④ 측정이 평가보다 더 포괄적인 개념이다.

**9.** 총평관(assessment)의 입장을 가장 적절하게 표현한 것은?

① 구인타당도를 중시하는 평가이다.
② 인간의 능력은 변함이 없는 것이다.
③ 평가의 신뢰도가 주된 관심거리이다.
④ 모든 사람에게 똑같은 평가도구를 이용한다.

**10.** 이중조직으로서의 학교의 특징으로 옳은 것은?

① 체제나 조직 내의 참여자에게 보다 많은 자유재량권과 자기결정권을 제공한다.
② 학교 구성원들의 참여가 유동적이고 간헐적이다.
③ 조직의 효율적인 운영을 위해서는 신뢰의 원칙이 중요하다.
④ 학교는 수업과 관련해서는 느슨한 결합구조를 갖지만, 행정관리라는 보편적 조직관리 측면에서는 엄격한 결합구조를 갖는 측면이 있다.

**11.** 다음 내용에 해당되는 장학 방법으로 가장 적합한 것은?

> • 희망하는 학교를 대상으로 우선 실시
> • 교과 교육 활동(수업, 평가) 등 대상 기관의 필요에 따라 특정 영역 선정 가능
> • 단위 학교의 현안 과제에 대하여 장학 담당자와 교사들이 함께 해결 방안을 모색하는 맞춤형 장학

① 임상장학  ② 약식장학
③ 동료장학  ④ 컨설팅장학

**12.** 다음 중 학교발전기금의 사용용도에 해당되지 않는 것은?

① 교육용 기자재 및 도서 구입
② 학예활동의 지원
③ 학교교육 시설의 보수 및 확충
④ 교원연수 비용에 지원

**13.** 해석학적 관점에서 텍스트에 대한 설명으로 가장 적절한 것은?

① 텍스트는 교육현장에서 곧 세계에 대한 절대적 진리가 된다.
② 텍스트에 제시된 것을 학생들은 암기하고 평가받아야 한다.
③ 텍스트는 교사와 학생들의 경험을 드러내는 기초적인 의사소통의 장이 되어야 한다.
④ 텍스트를 매개로 이루어지는 교육적 의미소통의 목적은 텍스트에 제시된 정확한 사실이나 정보를 발견하는 것이다.

**14.** 다음 중 학자와 교육에 대한 정의가 바르게 짝지어진 것은?

① 부버 - 교육은 경험의 재구성이다.
② 듀이 - 교육은 나와 그것의 관계가 아니가 인격적인 만남을 전제로 해야 한다.
③ 루소 - 교사는 서두르지 말고 아동의 자연적인 성장에 따른 교육이어야 한다.
④ 브라멜드 - 교육목적은 head, heart, hand를 강조한다.

**15.** 주자학(朱子學)에서 제시하는 바람직한 공부의 모습과 거리가 먼 것은?

① 위기지학(爲己之學)을 통한 참된 본성의 실현을 지향한다.
② 공부의 전(全) 과정에서 경(敬)의 자세가 근간이 된다.
③ 소학(小學)에서 대학(大學)으로 이어지는 단계를 밟는다.
④ 독서 공부는 순서상 역사서를 두루 읽은 후 사서(四書)로 나아간다.

**16.** 거시적 접근 이론에서 기능론의입장이 아닌 것은?

① 교육은 전체사회의 한 하위체제로서 사회의 존속을 위한 나름의 기능을 수행한다.
② 교육은 지배집단의 문화를 정당화하여 주입시킴으로써 상류층에 유리하게 기존의 계층 구조를 재생산한다.
③ 학력이 개인의 실제적 능력과 생산성의 지표가 된다.
④ 교육의 양적 팽창을 정당화하는 이론적 배경이다.

**17.** 학업성취 수준이 높은 학생들은 보통 방식으로 충분하나 낮은 학생은 특별한 시설, 교육 자료를 가지고 더 오랜 시간 가르치는 것과 관련 있는 평등의 개념은?

① 교육조건 평등
② 교육결과 평등
③ 교육과정 평등
④ 기회의 허용적 평등

**18.** 학교폭력예방 및 대책에 관한 법률 상 내용으로 옳지 않은 것은?

① 학교폭력 가해 중학생의 경우 퇴학처분이 불가능하다.
② 학교의 장은 학교폭력과 관련한 개인정보 등을 경찰청장, 지방경찰청장, 관할 경찰서장 및 관계 기관의 장에게 요청할 수 있다.
③ 교육감은 학교폭력의 실태를 파악하고 학교폭력에 대한 효율적인 예방대책을 수립하기 위하여 학교폭력 실태조사를 연 1회 이상 실시하여야 한다.
④ 교육감은 학교폭력대책자치위원회가 처리한 학교의 학교폭력빈도를 학교의 장에 대한 업무수행 평가에 부정적 자료로 사용할 수 없다.

**19.** 공·사교육비를 '공공의 회계절차를 거치는가'에 따라 분류할 때, 공교육비에 해당하지 않는 것은?

① 학교법인이 부담하는 법인전입금
② 학원에 내는 학원비
③ 학부모가 부담하는 학교운영지원비
④ 학교에 내는 방과후 수업료

**20.** 성인학습의 원리로써 틀린 것은?

① 수동적인 참여보다 능동적인 참여가 학습을 향상시킨다.
② 내재적 동기는 영속적이고 포괄적인 학습을 가능하게 한다.
③ 학습에 대한 부적(負的) 강화가 정적(正的) 강화보다 효과적이다.
④ 성인의 학습에 대한 준비도는 선행학습의 정도에 의해 영향을 받는다.

**1.** 잠재적 교육과정에 대한 설명으로 옳지 않은 것은?

① 잠재적 교육과정은 주로 정의적 영역과 관계가 있다.

② 학교 환경과 교육활동을 의도적으로 조직·통제하는 행위와 결과는 포함되지 않는다.

③ 표면적 교육과정과 상호 조화될 때 교육효과는 더욱 높아진다.

④ 학교에서의 상과 벌, 평가, 사회적 관행 등이 잠재적 교육과정을 형성한다.

**2.** 에릭슨(Erikson)의 심리사회적 발달이론에서 (가)~(라)에 들어갈 발달단계를 A~D와 바르게 연결한 것은?

> (가) - 자율성 대 수치심과 회의 - (나) - 근면성 대 열등감 - (다) - (라) - 생산성 대 침체감 - 통합성 대 절망감

> A. 신뢰감 대 불신감
> B. 주도성 대 죄책감
> C. 정체성 대 역할혼미
> D. 친밀감 대 고립감

|   | (가) | (나) | (다) | (라) |
|---|---|---|---|---|
| ① | A | B | C | D |
| ② | A | B | D | C |
| ③ | B | A | C | D |
| ④ | B | A | D | C |

**3.** 우리나라에서 '시·도 교육청 교육과정 편성·운영 지침' 작성권이 시·도 교육청에 부여된 시기는 언제부터인가?

① 제3차 교육과정기

② 제4차 교육과정기

③ 제6차 교육과정기

④ 제7차 교육과정기

**4.** 다음과 가장 관계가 깊은 학습 이론은?

> 지수는 사회 시간에 모둠을 대표해서 발표를 하게 되었다. 잘해야겠다는 부담감이 너무 컸는지 발표하기 위해 친구들 앞에 선 순간 아무 생각도 나지 않았다. 그래도 말을 더듬어 가며 발표를 끝냈는데, 선생님은 "발표가 엉망이네."라고 하였다. 지수는 발표를 망친 자신이 너무 창피했다. 그리고 집으로 돌아와 마음 속으로 '다시는 발표 안 해.', '학교 가기 싫어.'라고 생각했다.

① 구성주의 이론

② 인지주의 이론

③ 고전적 조건형성 이론

④ 조작적 조건형성 이론

**5.** 엘리스(A. Ellis)의 합리적·정서적 상담에 대한 설명으로 옳은 것은?

① 내담자의 이상적 자아와 현실적 자아의 일치를 정신건강의 지표로 간주한다.

② 주요 상담기법으로 자유연상, 꿈의 분석, 전이의 분석, 저항의 해석이 있다.

③ 상담자는 내담자로 하여금 자신의 문제가 왜곡된 지각과 신념에 기인한 것임을 깨닫도록 논박한다.

④ 인간은 근본적으로 자신의 문제를 스스로 해결할 수 있는 가능성과 잠재력을 가지고 태어났다고 보았다.

**6.** <보기>의 수업지도 계획과 그에 적용된 수업설계 전략을 옳게 연결한 것은?

```
<보기>
ㄱ. 라이겔루스(C. Reigeluth)의 이론에 근거하
   여 이번 달 단원 수업을 단순하고 기본적인
   것으로부터 복잡하고 상세한 것으로 계열화
   하였다.
ㄴ. 켈러(J. Keller)의 이론에 근거하여 학생들에
   게 친근한 인물이나 사건을 활용하여 동기를
   유발하였다.
ㄷ. 메릴(M. Merrill)의 이론에 근거하여 교과내
   용을 일반적 내용과 구체적 사례로 분류하
   고, 이를 다시 설명방식과 질문방식으로 나
   누어 자료를 제시하였다.
```

| | ㄱ | ㄴ | ㄷ |
|---|---|---|---|
| ① | 미시조직 전략 | 관련성 전략 | 일차적 자료 제시 |
| ② | 정교화 전략 | 관련성 전략 | 일차적 자료 제시 |
| ③ | 정교화 전략 | 주의환기 전략 | 일차적 자료 제시 |
| ④ | 정교화 전략 | 주의환기 전략 | 이차적 자료 제시 |

**7.** 구성주의에 입각한 교수 학습 활동과 가장 거리가 먼 것은?

① 학생 입장에서 중요하고 의미 있는 과제를 제시한다.

② 학생들이 알고 있는 지식을 최대한 활용하도록 장려한다.

③ 학습자가 지식을 해석하고 생성할 수 있는 환경을 조성한다.

④ 수업 과제를 구체적으로 분석하여 사전에 수업목표를 설정한다.

**8.** 정의적 행동 특성의 측정방법에 대한 설명 중 옳지 않은 것은?

① 질문법은 사용이 간편하고, 의견, 태도, 감정, 가치관 등을 측정하기가 용이하다.

② Likert 척도에서는 응답자에 대한 몇 개의 문항을 합하거나 평균을 계산하여 분석할 수 없다.

③ 관찰법은 정의적 행동 특성을 측정하는 가장 오래된 측정방법이다.

④ 체크리스트는 친구 간의 관계를 분석하는 체크리스트의 예는 사회성 측정법이 있다.

**9.** 다음은 어떤 학생의 기말고사 결과이다. 원점수가 정상분포임을 전제로 할 때, 상대적으로 성적이 가장 좋은 과목은?

| 과 목 | 원점수 | 학습평균 | 학급표준편차 |
|---|---|---|---|
| 국어 | 84 | 78 | 5.0 |
| 영어 | 82 | 69 | 6.5 |
| 수학 | 76 | 66 | 4.5 |
| 과학 | 83 | 71 | 6.0 |

① 국 어      ② 영 어

③ 수 학      ④ 과 학

**10.** '교육에 관한 행정'과 '교육을 위한 행정'으로 개념을 구분해 볼 경우 '교육을 위한 행정'의 특성을 가장 잘 설명해 주는 것은?

① 행정의 통합성 강조
② 교육행정을 일반행정의 하위영역으로 간주
③ 교육의 독자성 강조
④ 행정작용에서 권력적·통제적 요소 강조

**11.** 민츠버그(Minitzberg)의 조직이론에 비추어 볼 때, 다음과 같은 특성을 보이는 학교의 조직 형태는?

> 학교장은 민주적인 방식으로 학교를 운영하고 있으며, 교직원들은 교육과정 운영 및 제반 학교 운영 관련 업무를 권한과 책임을 가지고 처리하고 있다.

① 단순구조　　② 임시조직
③ 전문적 관료제　　④ 기계적 관료제

**12.** 다음 중에서 교육정책 결정과정의 순서로 알맞은 것은?

> ㉠ 대안의 선택
> ㉡ 문제의 인식
> ㉢ 대안의 작성 및 평가
> ㉣ 자료의 수집과 분석
> ㉤ 대안의 실행

① ㉠ → ㉢ → ㉣ → ㉡ → ㉤
② ㉡ → ㉠ → ㉣ → ㉤ → ㉢
③ ㉣ → ㉠ → ㉡ → ㉢ → ㉤
④ ㉡ → ㉣ → ㉢ → ㉠ → ㉤

**13.** 비드웰과 코윈(Bicwall & Corwin)이 제시한 교사의 역할 중 피고용인의 역할은?

① 규칙준수·표준화된 교육내용과 교수방법 수행
② 문제의 융통성 있는 처리
③ 교육내용·교수방법 결정의 자율성
④ 학교의 목표 결정에 참여

**14.** 제시된 사상가와 관련된 내용으로 옳은 것은?

① 하버마스 : 생활세계 (lifeworld)
② 리오타르 : 광기, 권력과 지식
③ 푸코 : 해체, 차연
④ 데리다 : 소서사, 주체성

**15.** 고등교육기관으로서 고려시대 국자감과 조선시대 성균관의 특성을 비교한 것으로 옳은 것은?

① 국자감의 최고관리자는 태학감, 성균관은 대사성이었다.
② 국자감은 관리 양성, 성균관은 유학자 양성을 주요 목적으로 하였다.
③ 국자감은 관리의 자제만, 성균관은 양반만이 입학할 수 있었다.
④ 국자감의 교육내용에는 잡학(기술학)이 포함되어 있었으나, 성균관의 교육내용에는 포함되어 있지 않았다.

**16.** 교사와 학생의 상호작용을 연구하는 신교육사회학의 해석적 접근 방식과 거리가 먼 것은?

① 내부자 관점을 강조한다.
② 인과 법칙의 발견을 주 목적으로 한다.
③ 거시적 분석보다 미시적 분석을 강조한다.
④ 수집한 자료는 맥락 속에서 이해되어야 한다.

**17.** 정보의 교류를 위한 인터넷 사용이 증가하고 그 기술이 급속하게 발달하고 있으나, 그 사용에 대한 예절이나 가치관 형성이 조화를 이루지 못하는 현상을 지칭하는 말로 알맞은 것은?

① 문화실조
② 사회이동
③ 문화전승
④ 문화지체

**18.** 자유학기제에 대한 설명으로 옳지 않은 것은?

① 자유학기에는 토의·토론 학습, 프로젝트 학습 등 학생 참여형 수업을 강화하고, 학습의 과정을 중시하는 다양한 평가 방법을 활용하되, 일제식 지필 평가는 지양한다.
② 2013년도에 연구학교에서 시작되었고, 2016년도부터 모든 중학교에서 시행되었다.
③ 자유학기에는 지역 및 학교 여건을 고려하여 자율적으로 학생 참여 중심의 주제선택 활동과 진로 탐색 활동을 운영한다.
④ 중학교의 장은 해당 학교 교원 및 학부모의 의견을 수렴하여 자유학기제의 실시 여부를 결정할 수 있다.

**19.** 우리나라에서의 교육비 분류방식에 대한 설명으로 옳지 않은 것은?

① 간접교육비는 교육기간 동안 취업할 수 없는 데서 오는 손실로서의 유실소득과 비영리교육기관이 향유하는 면세의 가치이다.
② 학교운영지원비는 공부담사교육비에 해당한다.
③ 공교육비는 공공의 회계절차를 거쳐 교육에 투입되는 교육비로서 수업료를 포함한다.
④ 공부담 교육비는 국가나 지방자치단체 및 학교법인이 부담하는 경비로서 학교운영지원비는 제외된다.

**20.** 평생교육법 제4조에 규정된 평생교육의 이념에 해당하지 않는 것은?

① 일정한 평생교육 과정을 이수한 자에게는 그에 상응하는 자격 및 학력 인정 등 사회적 대우를 부여하여야 한다.
② 평생교육은 학습자의 자유로운 참여와 자발적인 학습을 기초로 이루어져야 한다.
③ 평생교육은 정치적·개인적 편견의 선전을 위한 방편으로 이용되어서는 아니 된다.
④ 평생교육은 학습자의 필요와 실용성을 존중하여야 한다.

**1.** 잠재적 교육과정에 대한 시각이 다른 학자는?

① 일리치
② 보울즈와 긴티스
③ 드리븐
④ 애플

**3.** 사회인지이론(social cognitive theory)에서 자기 효능감의 요인으로 적절하지 않은 것은?

① 성공경험
② 모델링
③ 사회적 설득
④ 외적 강화물

**2.** 교육과정 '이해' 패러다임에 대한 설명으로 옳지 않은 것은?

① 교육과정을 '고정된 경로 혹은 과정(process)'을 의미하였다.
② 교육과정 '개발' 패러다임의 행동주의와 과학주의를 비판한다.
③ 교육과성 개선을 위한 처방적 원리보다 교육과정 문제의 복합성에 더 관심을 갖는다.
④ 애플(Apple)의 정치적 텍스트로서의 교육과정 탐구, 아이즈너(Eisner)의 심미적 관점에서의 교육과정 탐구 등을 그 사례로 들 수 있다.

**4.** 심리검사에 대한 설명으로 옳지 않은 것은?

① MMPI, MBTI는 자기보고식 성격검사이다.
② 웩슬러(Wechsler) 구조화되지 않은 모호한 자극 제시를 통해 내적 심리상태를 파악한다.
③ 투사적 성격검사는 언어성 검사 이외에 동작성 검사를 포함하고 있다.
④ 로르샤흐(Rorschach) 잉크반점검사는 융의 성격 유형을 근거로 한 16가지 성격 유형 분류에 활용된다.

**5.** 상담이론에 대한 설명으로 옳은 것은?

① 프로이드(Freud) 정신분석이론의 핵심개념은 무의식으로, 상담의 목표는 무의식을 의식화하는 것이다.

② 글레이서(Glasser)의 현실주의 인지적 측면의 합리성과 정의적 측면이 정서, 행동주의의 원리를 절충한 방법이다.

③ 엘리스(Ellis)의 합리적 - 정서적 치료이론은 책임있는 행동이 성공적인 자아정체의식을 효과적으로 형성한다고 가정한다.

④ 번(Berne)의 교류분석이론은 인간을 원본능, 자아, 초자아의 세 가지 자아상태로 구성된 존재로 간주한다. 이에 인간이 가진 신체적 욕구와 심리적 욕구들은 다른 사람과의 교류를 통해서만 충족될 수 있다고 강조한다.

**6.** 교수설계절차인 ADDIE 모형의 단계에 대한 설명으로 옳지 않은 것은?

① 설계 - 평가도구를 고안하고 교수전략과 교수매체를 선정한다.

② 개발 - 실제 수업에 사용할 교수 프로그램이나 교수자료를 제작한다.

③ 분석 - 요구분석, 환경분석, 과제분석 등을 포함한다.

④ 실행 - 투입된 교수자료의 효과성과 효율성을 결정한다.

**7.** 인터넷(Internet)의 장점에 해당하는 것이 아닌 것은?

① 원격교육으로 원거리 학습자에게 용이하다.

② 자기 주도적 학습을 할 수 있다.

③ 시공을 초월한 교육이 가능하나 융통성이 부족하다.

④ 수업중심보다는 교수-학습환경을 제공한다.

**8.** 교육평가에 관한 설명으로 옳지 않은 것은?

① 역량검사 : 모든 학생이 모든 문항을 풀어볼 수 있도록 충분한 시간을 준 다음 측정한다.

② 규준지향평가 : 학생의 점수를 다른 학생들의 점수와 비교하여 상대적 서열 또는 순위를 매긴다.

③ 형성평가 : 학기 중 학습의 진척 상황을 점검하여 학습속도 조절이나 학습자 강화에 활용한다.

④ 표준화검사 : 교사가 제작하여 수업 진행 중 학생들의 학업성취도나 행동 특성을 측정한다.

**9.** 포토폴리오에 대해 옳은 것을 보기에서 고르시오?

> ㉠ 스케치북을 활용한다.
> ㉡ 수행평가에 사용된다.
> ㉢ 타당도와 신뢰도 모두를 확보할 수 있다.

① ㉠        ② ㉠, ㉡

③ ㉡, ㉢       ④ ㉠, ㉢

**10.** 겟젤스와 구바의 사회체제 모형에 대한 내용 중 잘못된 것은?

① 조직적 차원에는 제도 - 역할 - 역할기대가 있다.

② 사회체제 내에서 역할과 인성은 상호작용에 의하여 이루어진다.

③ 역할과 인성의 관계에서 학교는 역할이 특히 중시된다.

④ 사회체제이론의 시사점으로 조직과 그 성원인 개인간의 균형과 조화를 찾아야 한다.

**11.** 교사들에게 보상을 대가로 일정한 노력을 요구하기보다는, 교사들의 의식을 변화시키고 지적 자극을 주어 학교 조직의 변화를 도모하려는 리더십을 지닌 교장이 일반적으로 가지는 교사관이나 학교 경영 전략이 아닌 것은?

① 교사들의 잠재력이나 업무 수행 능력 등을 발전시키는 일은 교장의 책임이라고 생각한다.

② 학교 경영은 학교의 변화를 주도하기 위하여 교사들의 행동을 관리하고, 그들에게 책무성을 요구하는 과정이라고 생각한다.

③ 교장이 통제하지 않아도 교사들은 스스로 자기 책임을 수행하고 자기 통제를 행사할 수 있다고 믿는다.

④ 교장은 학교의 여건과 운영 방식을 개선하여 교사들이 스스로 조직 목표를 위해 노력하도록 해야 한다고 생각한다.

**12.** 교육기획의 사회적 수요 접근법에서 '사회적 수요'를 옳게 설명한 것은?

① 교육받고자 원하는 개인들이 원하는 교육의 양과 종류

② 사회발전에 필요한 교육의 양과 종류

③ 경제발전에 필요한 인간자원의 양

④ 사회적 편익이 가장 큰 교육의 종류

**13.** '교육'이란 말이 처음으로 나타난 문헌은?

① 논어
② 대학
③ 맹자
④ 사기(史記)

**14.** 재건주의 교육철학에 대한 설명으로 옳은 것은?

① 아동 존중의 원리를 채택한다.
② 교육을 통한 사회 개조를 중시한다.
③ 지식이나 진리의 영원성을 강조한다.
④ 실제적인 삶의 문제를 해결하는 데 초점을 둔다.

**15.** 조선시대의 서당에 관한 설명이 아닌 것은?

① 계절을 고려하여 교과목을 운영하였다.
② 개인차에 따른 개별 수업을 실시하였다.
③ 개인이나 마을 주민들이 공동으로 설립·운영하였다.
④ 향교와 서원으로 진학을 위해 발달되었다.

**16.** 산업사회에서 '능력주의(meritocracy)'의 주요원리로 가장 적절한 것은?

① 사회 계층간의 차이는 줄여야 한다.
② 귀속적 지위의 영향력은 인정되어야 한다.
③ 개인의 능력 차이에 따른 차별적 보상은 정당하다.
④ 교육기회는 개인의 경제적 능력에 따라 분배되어야 한다.

**17.** 식민지 통치가 끝나고서도 식민지 문화가 잔재한
다는 이론은?

① 문화적 재생산론
② 문화식민지이론
③ 문화헤게모니
④ 기술·기능이론

**18.** 2022 개정 교육과정이 제시한 미래사회 핵심역량
에 해당하지 않는 것은?

① 자기관리 - 자아정체성과 자신감을 가지고 자신
의 삶과 진로에 필요한 기초능력과 자질을 갖추
어 자기주도적으로 살아갈 수 있는 능력
② 지식정보처리 - 문제를 합리적으로 해결하기 위하
여 다양한 영역의 지식과 정보를 깊이 있게 이해
하고 비판적으로 탐구하며 활용할 수 있는 능력
③ 심미적 감성 - 인간에 대한 공감적 이해와 문화적
감수성을 바탕으로 삶의 의미와 가치를 발견하고
향유하는 능력
④ 의사소통 - 다양한 상황에서 자신의 생각과 감정
을 효과적으로 표현하고 다른 사람의 의견을 경
청하며 존중하는 능력

**19.** 예산편성기법에 대한 설명으로 옳은 것은?

① 품목별 예산제도는 정책이나 계획수립이 용이하
고 집행에 있어서도 융통성을 기할 수 있다.
② 성과주의 예산제도는 공무원의 재량권을 제한하
기 위해 만든 제도이다.
③ 기획 예산제도는 단기적인 예산편성을 실행계획과
연결시켜 1년 단위의 예산제도를 기본으로 한다.
④ 영기준 예산제도는 점증주의적 예산과정을 탈피
하여 경기 변동에 신축성 있게 대응할 수 있다.

**20.** 평생교육법 제6조에 규정된 평생교육의 교육과정
에 해당하는 것은?

① 일정한 평생교육 과정을 이수한 자에게는 그에
상응하는 자격 및 학력 인정 등 사회적 대우를 부
여하여야 한다.
② 평생교육은 학습자의 자유로운 참여와 자발적인
학습을 기초로 이루어져야 한다.
③ 평생교육은 정치적·개인적 편견의 선전을 위한
방편으로 이용되어서는 아니 된다.
④ 평생교육은 학습자의 필요와 실용성을 존중하여
야 한다.

최근 15년 교육학 기출문제 분석

2024 김신 교육학 **국가직 동형 모의고사**

# 정답 및 해설

## 국가직 모의고사 1회

| 1 | ② | 2 | ③ | 3 | ④ | 4 | ② | 5 | ① |
|---|---|---|---|---|---|---|---|---|---|
| 6 | ② | 7 | ① | 8 | ② | 9 | ④ | 10 | ② |
| 11 | ③ | 12 | ④ | 13 | ③ | 14 | ② | 15 | ① |
| 16 | ① | 17 | ② | 18 | ④ | 19 | ③ | 20 | ④ |

**1. ②**

ㄴ. 경험중심 교육과정은 학생 흥미를 고려하지만 철저히 사전에 계획하여 제공하지 않는다.

ㄷ. 나선형 교육과정은 학문의 공통된 내용을 수준을 달리하여 지식의 구조를 강조한다.

**2. ③**

• 영 교육과정 : 당연히 발생해야 할 학습경험이 학교의 의도 때문에 일어나지 않은 것이다.

**3. ④**

(가)는 기존 도식으로 수용하는 것으로 동화이며 (나)는 기존의 도식을 수정함으로 조절이다.

**4. ②**

행동주의는 선천적 능력의 차이가 개인차를 만든다는 결정론적 시각을 거부하고 학습자에게 제공되는 환경의 중요성을 역설하였다. 모든 인간은 평등하다는 이념을 기반으로 한다.

**5. ①**

생활지도의 원리 중 균등성은 모든 학생을 대상으로 한다는 것이다.

**6. ②**

학습자의 능동적인 학습을 통해 새로운 지식을 구성하는 것을 강조하는 것은 구성주의 학습이다.

**7. ①**

평가문항 개발은 수행목표를 선정한 다음 이루어진다.

**8. ②**

① 정규분포곡선과 표준점수를 기초로 한다. : 규순

③ 검사도구의 타당도보다는 신뢰도와 문항곤란도를 중시한다. : 규준

④ 학생들 사이의 개인차를 강조함으로써 경쟁심을 조장할 수 있다. : 규준

**9. ④**

• 검사가 원래 의도한 것을 측정했는지 검사가 교수 학습 방법에 긍정적 변화를 유도했는지에 관한 타당도는 결과타당도이다.

• 예언타당도 : 검사 도구가 수험자의 미래의 행동특성을 어느 정도 정확하게 예언하는지를 나타내는 지수

• 공인타당도 : 기존에 타당성을 입증 받고 있는 검사로부터 얻은 점수와의 관계를 통해서 검증되는 타당도

• 구인타당도 : 심리적 특성을 이루고 있는 하위 구인들이 실제로 검사 도구에 구성되고 있는지를 측정

**10. ②**

• 주어진 보기의 내용은 국가의 통치작용 중 입법과 사법을 제외한 행정작용에서 행정의 종합성을 강조한 것으로 교육에 관한 행정을 말한다. 교육에 관한 행정은 법규 해석적 입장으로 교육행정을 일반행정의 한 분야로 본다.

③ 교육을 위한 행정은 교육의 주체성을 강조한 것으로 교육목표를 효과적으로 달성하기 위한 봉사활동으로 본다. 그리고 조건정비적 입장으로 미국의 교육행정학자들의 견해이다. 교육에 관한 행정에서는 교육행정을 교육목표달성을 위한 수단으로 본다.

**11. ③**

교육은 정치적 파당으로서 중립해야 하고 교육은 분리·독립하는 교육자치의 원리는 자주성 존중의 원리이다.

**12. ④**

• 주어진 내용은 인간의 본질적으로 선하다는 내용으로 맥그리거(McGregor)의 Y이론과 관련된다.

① 동기요인 - 만족도가 높아지며 그때 성과가 높아지게 하는 요인 위생요인 - 불만족은 줄이지만 만족도를 높이지는 못하는 요인

**13. ③**

①, ④ 교직을 성직으로 보고 소명감을 강조하는 성직관이다, ②는 노동직관(sophist의 교직관)이다.

**14. ②**

주어진 보기의 내용은 플라톤의 이데아와 관련된다. 플라톤은 현상계는 생멸변화하고 불완전하며 그 배후에 있는 이데아만이 완전하고 영원불변한 실재라고 보았다. 이데아는 비물질적이며 보이지 않는 현상으로 사물의 이상적인 형이고 인식의 대상이다. 따라서 답은 ②이다. 원문을 좀 더 구체적으로 보면 플라톤은 『국가론』 제7권에서 '동굴의 비유'로 이데아의 세계와 변화하는 현실세계를 그리고 있다. 동굴에는 많은 죄수들이 벽면을 향해 묶인 채 앉아있고 그들은 자신들이 보는 것을 실재라고 여기지만 사실은

벽에 비친 그림자를 보고 있을 뿐이다. 우리가 일상에서 보는 것도 사실은 그림자들이라고 할 수 있다. 이들 죄수 중 한 명이 족쇄에서 풀려 동굴을 벗어났다고 가정할 때 그는 처음으로 그림자를 만드는 진짜 사물들과 그러한 그림자를 가능케 해주는 밝은 태양빛을 보게 될 것이다. 이 때 그는 지금까지 자기가 보아왔던 실재라고 여겼던 벽에 비친 그림자들이 자신이 지금 보고 있는 사물들에 비해 얼마나 불완전한 것이었던가를 깨닫게 될 것이다. 인간이 태양을 보면 눈부심을 느끼듯이 이데아를 볼 수 있게 되었을 때 눈부심을 느끼고 일반인이 가지고 있는 개념들에 대한 생각이 얼마나 불완전하고 혼동될 것인가를 깨달을 것이다. 이런 사실을 깨달은 사람이 다시 동굴로 돌아가 죄수들에게 그들의 세계가 얼마나 불완전한 것인가를 알려주려 할 것이다. 하지만 죄수들은 그를 미치광이로 여기로 그의 말을 믿지 않으려 할 것이다.

① 듀이(Dewey)와 관련된다.
③ 베이컨(Bacon)의 우상론과 관련된다.
④ 루소(Rousseau)의 자연주의 교육과 관련된다.

## 15. ①

우리나라의 전통적인 인간상은 문무를 겸비한 지도자이다.

## 16. ①

사회통합이란 문화의 동질성행위규범과 생활양식의 동질성)을 바탕으로 하여 사회 구성원이 서로 친밀감 · 일체감을 가지고 협동하고 결속 · 단결하여 공동목표를 지향하는 사회 구성원간의 응집력이 강한 상태를 말한다.

• 문화의 전승과 사회유지 기능도 사회통합의 바탕을 이루는 중요한 교육기능이지만 여기서 말하는 사회통합 기능은 그 이상의 의미를 갖는다. 즉 이해관계의 차이로 마찰과 갈등이 심화된 오늘날의 다원주의 사회에서는 정치만이 이러한 마찰과 갈등을 해결할 수 없으며, 교육을 통하여 절차적 규범이해 · 관용 · 양보 · 타협 · 합의준수 등)과 새로운 역할수행을 위하여 필요한 가치관 · 태도 · 지식 등을 길러나가야만 한다. 교육은 사회안정과 질서유지를 위하여 사회통제와 통합기능을 수행해 간다.

## 17. ②

• 로젠탈 효과 : 하버드대 심리학과 교수였던 로버트 로젠탈 교수가 발표한 이론으로 칭찬의 긍정적 효과를 설명하는 용어다. 그는 샌프란시스코의 한 초등학교에서 20%의 학생들을 무작위로 뽑아 그 명단을 교사에게 주면서 지능 지수가 높은 학생들이라고 말했다. 8개월 후 명단에 오른 학생들이 다른 학생들보다 평균 점수가 높았다. 교사의 격려가 큰 힘이 되었기 때문이다. '피그말리온 효과'와 일맥상통하는 용어다.
• 스티그마 효과 : 부정적으로 낙인찍히면 실제로 그 대상이 점점 더 나쁜 행태를 보이고, 또한 대상에 대한 부정적 인식이 지속

되는 현상이다.

## 18. ④

지방의회가 만드는 법을 조례라 하며, 자치단체장이 만드는 법을 규칙이라 한다. 교육감이 만드는 법을 교육규칙이라 한다.

## 19. ③

교육재정은 양출제입의 원칙이 적용된다.

## 20. ④

① "평생교육"이란 학교의 정규교육과정을 제외한 학력보완교육, 성인 문자해득교육, 직업능력 향상교육, 성인진로개발역량, 인문교양교육, 문화예술교육, 시민참여교육 등을 포함하는 모든 형태의 조직적인 교육활동을 말한다
② "평생교육기관"이란 학원의 설립 · 운영 및 과외교습에 관한 법률」에 따른 학원 중 학교교과교습학원을 제외한 평생직업교육을 실시하는 학원을 말한다.
③ "평생교육사업"이란 국가 및 지방자치단체가 국민과 주민의 평생교육을 위하여 예산 또는 기금으로 조직적인 교육활동을 직 · 간접적으로 지원하는 사업을 말한다.

## 국가직 모의고사 2회

| 1 | ① | 2 | ④ | 3 | ② | 4 | ③ | 5 | ④ |
|---|---|---|---|---|---|---|---|---|---|
| 6 | ④ | 7 | ② | 8 | ② | 9 | ④ | 10 | ③ |
| 11 | ① | 12 | ① | 13 | ① | 14 | ② | 15 | ① |
| 16 | ② | 17 | ② | 18 | ④ | 19 | ④ | 20 | ① |

## 1. ①

타일러(Tyler)가 개념화시킨 교육과정 개발의 네 가지 단계는
① 교육목표  ② 학습경험의 선정과 조직  ③ 학습자평가
순서이다.

## 2. ④

'강령(platform) 단계 - 숙의(deliberation) 단계 – 설계(design)단계'는 워커(D. Walker)의 자연주의적 계빌모형이다.

## 3. ②

근접발달영역(ZPD)은 학습자의 실제적 발달 수준과 잠재적 발달 수준 간의 차이를 말한다.

## 4. ③

사회인지이론에서 주장하는 관찰학습의 단계는 주의집중단계 → 파지단계 → 재생단계 → 동기화단계이다.

## 5. ④

- 정보활동 : 학생들의 환경 적응과 문제해결을 돕기 위해 각종 정보를 수집, 제공
- 추수활동 : 사후 활동, 생활지도를 받은 학생이 어느 정도 적응, 개선되었는지를 알아보고 계속 지도하는 활동

## 6. ④

학습의 정도

$$\frac{\text{학습에 사용한 시간}}{\text{학습에 필요한 시간}} = \frac{\text{학습기회, 학습 지속력}}{\text{적성, 수업이해력, 수업의 질}}$$

## 7. ②

협동학습은 개별책무성이 있다. 따라서 답은 ②이다.

- 협동학습 목표 : 지식의 이해, 사고력의 신장, 사회적 기능과 가치의 형성
- 협동학습 필요조건 : 이질적 집단의 구성, 개별적 책무성 부여, 적극적 상호 의존성의 강화, 공동의 목표, 평가(소집단 보상)
- 협동학습 효과 : 개별적 책무성의 증가, 적극적 상호 의존성과 협력의 증대, 대면적 상호작용의 증가

## 8. ②

나. 일련의 교수-학습 과정이 종료되는 시점에 실시하는 것은 총괄평가이다.

라. 평가 전문가가 개발한 표준화 검사를 평가도구로 활용하기보다 교사가 직접 제작하는 것이 좋다.

## 9. ④ 단권화 94

- 문항내적 신뢰도 : KR-20, KR-21, 크론박(Cronbach)의 알파계수

## 10. ③

③ 조정(coordinating) : 각 부서별 업무 수행의 관계를 상호 관련시키고 원만하게 통합, 조절하는 일이다.

## 11. ①

- 허즈버그(Herzberg)의 동기－위생이론

## 12. ①

② 교사와 장학담당자 간의 대면적 관계와 상호작용을 중시한다.

③ 일련의 체계적인 지도·조언의 과정이다.

④ 자아실현의 욕구가 강한 능력 있는 교사들에게 효과적이다. : 자기장학

## 13. ①

조작적 정의란 어떤 조작적 조건 하에서 어떤 반응이 나타나는가를 진술하는 방식으로 교육을 '인간 행동의 계획적 변화 과정'으로 정의하고 인간 행동이 계획적으로 변화되었는지의 여부로 교육되었는지를 검증한다.

## 14. ②

중세 시민학교는 의무교육에 해당하지 않는다.

세계최초의 근대적 의무교육령 : 고타교육령(1642년)

## 15. ①

전통적 교육기관인 경당, 12도, 서원의 공통점은 국가가 직접 통제하지 않는 사립교육기관이다.

## 16. ②

- 기능 : 가. 사회의 각 부분은 사회 전체의 유지와 조화에 기여 한다.
- 갈등 : 나. 학교는 차별적 사회화 과정을 통하여 기존의 불평등한 사회구조를 재생산한다.
- 기능 : 다. 학교는 사회가 필요로 하는 인재를 선발하여 적재 적소에 배치하는 역할을 수행한다.
- 갈등 : 라. 학교는 지배집단 문화를 전수하는 기관으로 사회 안정화를 도모한다.

## 17. ②

주어진 보기의 내용과 관련되는 교육평등관은 결과의 평등(보상적 의미의 평등, 산출면의 평등)과 관련된다. 미국의 HSP(Head Start Project)와 영국의 EPA(Education Priority Area)는 학업성취가 낮은 아이들에게 더 많은 교육적 노력을 부여하고 학업성취가 높은 아이들에게는 더 적은 교육적 노력을 투자하여 교육결과의 평등을 얻으려는 것이다.

## 18. ④

① 성문법 우선의 원칙이다. 제정법으로서 성문법이 존재한다면 우선적으로 성문법을 따라야 한다. 예컨대 행정선례보다는 성문법으로서의 법령이 우선한다

② 상위법 우선의 원칙이다

③ 특별법 우선의 원칙이다. (노동조합법〈교원노조법)

④ 신법 우선의 원칙이다.

**19.** ④

| 구분 | 민간경제 | 정부경제 |
|---|---|---|
| 수입조달 방법 | 합의 원칙<br>(등가교환 경제) | 강제 원칙<br>(강제획득 경제) |
| 기본원리 | 시장원리 | 예산원리 |
| 목적 | 이윤 극대화 | 공공성(일반 이익) |
| 회계원칙 | 양입제출 | 양출제입 |
| 존속기간 | 단기성 | 영속성 |
| 생산물 | 유형재 | 무형재 |
| 수지관계 | 불균형(잉여획득) | 균형(균형예산) |
| 보상 | 특수보상 | 일반보상 |

**20.** ①

① "평생교육"이란 학교의 정규교육과정을 제외한 학력보완교육, 성인 문자해득교육, 직업능력 향상교육, 성인진로개발역량, 인문교양교육, 문화예술교육, 시민참여교육 등을 포함하는 모든 형태의 조직적인 교육활동을 말한다

② "평생교육기관"이란 학원의 설립 · 운영 및 과외교습에 관한 법률」에 따른 학원 중 학교교과교습학원을 제외한 평생직업교육을 실시하는 학원을 말한다.

③ "평생교육사업"이란 국가 및 지방자치단체가 국민과 주민의 평생교육을 위하여 예산 또는 기금으로 조직적인 교육활동을 직· 간접적으로 지원하는 사업을 말한다.

④ "문자해득교육"(이하 "문해교육"이라 한다)이란 일상생활을 영위하는데 필요한 문자해득(文字解得) 능력을 포함한 사회적·문화적으로 요청되는 기초생활능력 등을 갖출 수 있도록 하는 조직화된 교육프로그램을 말한다.

## 국가직 모의고사 3회

| 1 | ② | 2 | ③ | 3 | ④ | 4 | ③ | 5 | ④ |
|---|---|---|---|---|---|---|---|---|---|
| 6 | ④ | 7 | ① | 8 | ② | 9 | ③ | 10 | ④ |
| 11 | ② | 12 | ① | 13 | ③ | 14 | ④ | 15 | ② |
| 16 | ① | 17 | ① | 18 | ② | 19 | ④ | 20 | ④ |

**1.** ②

쿠레레(currere) 방법을 제시한 학자는 파이너(W. Pinar) 이다.

**2.** ③

타바는 교사가 만드는, 수업 및 실천 지향적인 교육과정 개발을 주장하였다.

**3.** ④

프로이트의 항문기에 해당하는 에릭슨의 발달단계는 자율성이다.

**4.** ③

• 톨만(Tolman)의 잠재학습 : 목적적 행동주의

① 신호 형태 학습 : Tolman에 따르면 학습자는 학습장면에서 구체적인 자극-반응 연합을 학습하는 것이 아니라, 행동을 하면 어떤 목표를 달성할 것이라는 신호 형태 - 기대(sign gestalt-expectation)를 학습한다.

② 잠재적 학습 : 실제 학습이 이루어졌지만 그것이 직접 관찰할 수 있는 행동(즉, 수행)으로 나타나지 않은 학습이다.

③ 인지적 학습 : Tollman 에 따르면 학습자들은 행동주의의 주장과 같이 구체적인 행동을 학습하는 것이 아니라, 인지(기대신념) - 환경에 대한 인지도(認知l, cognitive map)를 학습한다. 인지도는 환경에 대한 정신적 표상이다.

**5.** ④

• 정신분석이론에 기초한 상담기법

① 자유연상, 꿈의 분석, 전이의 분석, 저항의 분석
교류분석은 교류분석(Transactional Analysis : TA) 상담 : 에릭번(Eric Berne)이다.

**6.** ④

• 완전학습이란 5% 정도의 학생을 제외한 약95%의 학생이 교수내용의 90% 이상을 학습할 수 있다는 것을 말한다.
 * 완전학습을 위한 교수 절차
1) 학습 전(前) 단계 (학습결손진단 후 보충지도)
2) 학습의 전개 단계 : 수업 목표 명시 - 수업활동 - 형성평가
3) 학습 후 단계-총괄평가

**7.** ①

객관주의 교육관에 해당한다.

**8.** ②

수행평가는 신뢰도가 낮다.

**9.** ③

• 활동과 학습의 체험을 분석하는 것은 실적 연구이다. 질적 연구는 관계, 활동 ,상황, 자료의 질에 대한 연구방법으로 보다 전체적인 설명에 그 주안점을 두고 특정 활동이나 상황의 섬세한 면을 설명하는 것을 목적으로 한다. 따라서 답은 ③이다.

① 실험연구 : 과학적이며 논리적인 사고에 입각하여 가설을 세우고 이 가설을 검증하기 위하여 조건을 인위적으로 통제, 조작하여 기대된 행동이 일어나는가를 관찰 · 분석하는 연구방

법이다.

② 관찰연구 : 관찰자의 관찰에 의하여 연구대상의 특성을 파악하고 분석하는 방법이다.

④ 상관연구 : 두 변인 또는 두 변인 이상의 공통변인의 관계를 찾아보는 연구이다.

## 10. ④
유인체제는 경력지향성에 해당한다.

## 11. ②
거래적 리더십은 리더와 구성원 간의 교환(또는 협상) 관계에 기반을 둔다. 거래적 리더십에서 리더는 구성원들이 가치있게 여기는 것을 제공하고, 그 제공에 대한 대가로서 바람직한 행동이나 성과를 구성원들로부터 유도해낸다. 다시 말해, 거래적 리더십에서의 리더는 구성원들에 대한 보상이나 처벌을 이용해 자신이 기대하는 목표나 성과를 달성한다.

## 12. ①
• 학교운영위원회의 구성원은 학부모 대표, 교원 대표, 지역 사회 인사로 구성한다.

② 학교장은 당연직 교원위원이지만 교원은 학교운영위원회 위원장이 될 수 없다.

③ 일부 학교의 학교운영위원회는 심의기구로서의 위상을 지닌다.

④ 학교운영위원회의 대표들로 구성된 선거인단에서 교육감을 선출하지 않는다.

## 13. ③
① 교육의 목적은 교육적 가치를 선별하는 것이지 교육인 것과 교육이 아닌 것을 구분하는 기준이 되는 것은 아니다.

② 교육의 내재적 목적이란 교육의 본질적 가치가 논리적으로 실현된 것을 가리킨다.

④ 교육의 목적은 교육내용의 범위와 방법적 기준을 결정하는 데 영향을 준다.

## 14. ④
북유럽의 인문주의 교육은 개인보다는 사회 개혁에 주된 관심을 가졌다.

## 15. ②
• 필수과목 : 효경(孝經)과 논어(論語)

## 16. ①
시대가 바뀌면 도덕교육의 내용도 변해야 된다고 보았다.

## 17. ①
① 일리치(I. Illich)의『탈학교사회』

② 라이머(E. Reimer)의『학교는 죽었다』

③ 프레이리(P. Freire)의『피압박자의 교육』

④ 실버맨(C. Silberman)의『교실의 위기』

## 18. ②
모든 국민은 그 보호하는 자녀에게 적어도 초등교육과 법률이 정하는 교육을 받게 할 의무를 진다. 의무교육은 무상으로 한다.

## 19. ④
• 제3조(교부금의 종류와 재원)

① 국가가 제1조의 목적을 위하여 지방자치단체에 교부하는 교부금(이하 "교부금"이라 한다)은 보통교부금과 특별교부금으로 나눈다.

② 교부금 재원은 다음 각 호의 금액을 합산한 금액으로 한다.

　1. 해당 연도 내국세[목적세 및 종합부동산세, 담배에 부과하는 개별소비세 총액의 100분의 45 및 다른 법률에 따라 특별회계의 재원으로 사용되는 세목(稅目)의 해당 금액은 제외한다. 이하 같다] 총액의 1만분의 2,079

　2. 해당 연도 「교육세법」에 따른 교육세 세입액 중 「유아교육지원특별회계법」 제5조제1항에서 정하는 금액 및 「고등 · 평생교육지원특별회계법」 제6조제1항에서 정하는 금액을 제외한 금액

## 20. ④
평생교육 체제에서 학습자로서 갖추어야 할 가장 중요한 특성은 자기주도적 학습능력이다.

## 국가직 모의고사 4회

| 1 | ④ | 2 | ② | 3 | ④ | 4 | ③ | 5 | ③ |
|---|---|---|---|---|---|---|---|---|---|
| 6 | ② | 7 | ④ | 8 | ③ | 9 | ① | 10 | ④ |
| 11 | ④ | 12 | ④ | 13 | ① | 14 | ① | 15 | ② |
| 16 | ③ | 17 | ④ | 18 | ② | 19 | ④ | 20 | ④ |

## 1. ④
스터플빔(Stufflebeam)의 CIPP 모형은 관리 중심평가 모형이다.

## 2. ②
타일러(Tyler)가 제시한 학습경험을 효과적으로 조직하는 원리는 계열성, 계속성, 통합성의 원리이다.

## 3. ④

ㄱ. 에릭슨(E. Erikson)은 인생 주기 단계에서 심리사회적 위기가 우세하게 출현 하는 최적의 시기는 개인에 따라 차이가 있지만, 그것이 출현하는 순서는 불변한다고 가정하였으며 각 단계에는 심리사회적 위기(psycho-social crisis)가 있으며, 각 단계의 위기를 성공적으로 해결했을 때 성격발달이 제대로 이루어진다고 보았다.

ㄴ. 현 단계의 위기를 극복하지 못해도 다음 단계로 넘어갈 수 있다고 보았다.

ㄷ. 청소년기에는 이전 단계에서의 발달적 위기가 반복한다고 보았다.

## 4. ③

| 귀인요소 | 원인의 소재 | 통제가능성 | 안정성 |
|---|---|---|---|
| (과제의 난이도) | 외적 | 통제불가 | 안정 |
| (노력) | 내적 | 통제가능 | 불안정 |
| (능력) | 내적 | 통제불가 | 안정 |
| (운) | 외적 | 통제가능 | 불안정 |

## 5. ③

정신분석 상담과 행동주의 상담의 공통점은 인간의 행동을 인과적 관계로 해석하는 결정론적 관점을 가진다.

## 6. ②

Ausubel의 설명식 수업은 교사가 주로 언어적 방법에 의해 학습자료를 학생의 발달단계에 적절하게 제시하여 학습자가 지적 학습을 이루도록 하는 수업형태이다. 다시 말해서 학습자의 수준에 맞는 의미있는 학습내용을 학습자에게 제시할 때 학습자는 그 내용을 소화시킬 수 있다. 그리하여 설명식 수업의 별칭으로는 유의미학습, 수용학습, 개념학습 등이 있다.

## 7. ④

① 배심 토의(Panel) : 토의에 참가할 인원이 많을 때 적절한 것으로 각 부의 대표자 4-6명과 다수의 일반인으로 구성된다. 토의가 마무리될 무렵에는 일반참가자의 발언이나 질문도 받아들이도록 한다. 이러한 과정을 거쳐 최종적으로 배심원들이 결론을 내린다

② 원탁식 토의 : 토의의 전형적 형태로서 사전 지식이 있는 사회자와 서기를 포함하여 7~8명이 원탁에 둘러앉아 모든 학생이 상호 대등한 관계 속에서 자유롭게 의견을 교환하는 것이다.

③ 단상 토의 : 전문적인 지식을 가진 2-5명의 인사기 사회자의 안내에 따라 특정주제에 대해 서로 다른 입장으로 청중 앞에서 발표하고, 발표자 간의 질의 응답을 한다.

## 8. ③

① 신뢰도는 타당도의 충분조건이다. : 전제조건

② 반복 시행하여 일관성 있는 검사 결과를 얻었다면 타당한 검사도구이다. : 신뢰로운

④ 객관도(Objectivity)는 평정자의 객관적인 편견을 얼마나 배제하였느냐의 문제이다. : 주관적인

## 9. ①

• 외적타당도 : 연구결과를 현재의 실험조건을 떠나서 다른 대상, 다른 사태에 어느 정도 일반화시킬 수 있느냐의 문제 외적타당도 위협

• 실험 연구에서 외적 타당도는 실험 결과를 다른 집단, 다른 장면, 다른 시기에도 일반화 할 수 있는 가능성을 의미한다.

## 10. ④

교육을 위한 행정과 관련되는 것은 기능설과 조건정비적 입장이다.

## 11. ④

학교 구성원들은 역할과 인성의 상호작용을 통해 행동하는 것은 사회체제이론이다.

## 12. ④

서지오바니(T. J. Sergiovanni)의 인적자원론적 장학의 관점은 공동의 의사결정을 도입하고 나면 학교의 효율성이 증가하고, 이를 통해 교사의 만족도가 증가한다고 본다

## 13. ①

① 피터스(Peters)

② Bruner는 교과를 지식의 구조라고 불렀다.

③ 허스트

④ 애플

## 14. ①

감각적 실학주의 대표자로 17C 최대의 교육사상가이다. 코메니우스이다.

## 15. ②

우리나라에서 최초로 독서삼품과가 실시된 교육기관은 신라의 국학이다.

## 16. ③

사회는 유기체와 마찬가지로 각 부분이 전체의 존속을 위해 각기 기능을 수행하는 것은 기능론 관점이다.

## 17. ④

• 콜맨 보고서의 시사점 : 사회적자본

전국에 걸쳐 대규모로 시행된 자료를 분석한 연구결과는 학교의 교육조건들, 즉 학급 크기, 학교 시설, 다양한 교육과정 등의 차이는 학생들의 학업성취에 별다른 영향을 주지 못하며, 오히려 학생들의 가정배경과 또래집단의 영향이 더 크다는 것이었다.

## 18. ②

• 제2조(교육이념)

교육은 홍익인간(홍익인간)의 이념 아래 모든 국민으로 하여금 인격을 도야(도야)하고 자주적 생활능력과 민주시민으로서 필요한 자질을 갖추게 함으로써 인간다운 삶을 영위하게 하고 민주국가의 발전과 인류공영(인류공영)의 이상을 실현하는 데에 이바지하게 함을 목적으로 한다.

## 19. ④

시·도교육비 특별회계의 세입 중에서 가장 큰 비중을 차지하는 것은 지방교육재정교부금이다.

## 20. ④

④ 전환교육 : 메지로우(Mezirow, J.)

순환교육-OECD : 교육은 개인의 전 생애 동안 순환적인 방법으로 배분되며 사적 영역에서 이루어지고 있는 직무교육을 포함한다.

## 국가직 모의고사 5회

| 1 | ① | 2 | ② | 3 | ① | 4 | ② | 5 | ② |
|---|---|---|---|---|---|---|---|---|---|
| 6 | ① | 7 | ④ | 8 | ② | 9 | ③ | 10 | ② |
| 11 | ① | 12 | ④ | 13 | ② | 14 | ③ | 15 | ③ |
| 16 | ② | 17 | ③ | 18 | ④ | 19 | ③ | 20 | ④ |

## 1. ①

제3차 교육과정은 '학문 중심 교육과정'을 표방하였다.

## 2. ②

• 실제적 교육과정 : 교사가 교실에서 실제로 가르친 교육과정이다.

## 3. ①

정체감 혼미 : 삶의 방향성이 결여되어 있는 상태

## 4. ②

① 수행회피 ② 숙달접근 ③ 수행접근 ④ 숙달회피

## 5. ②

인간의 행동은 지금 그리고 여기에서 어떻게 생각하고 느끼느냐에 따라 결정된다고 보았다. 외적으로 부여된 가치의 조건화가 주관적인 경험을 왜곡하고 부정할 때 문제가 발생한다고 본다. 즉, 객관적 현실이 아닌, 지금 여기에서의 주관적인 경험세계에 초점을 두고 인간의 행동을 이해하려고 하였다.

## 6. ①

가네(R. Gagné)는 교수목표에 따라 학습조건은 달라져야한다고 주장하였다.

② 라이글루스(C. Reigeluth)가 주장한 내용이다.

③ 켈러가 주장한 내용이다.

④ 메릴(M . Merrill)이 주장한 내용이다.

## 7. ④

동간성이 있으며 가감승제가 가능한 척도는 비율척도

## 8. ②

②는 블렌디드 러닝이다. 블렌디드 러닝은 학습의 효과성을 향상시키고 학습경험을 극대화하기 위하여 온라인과 오프라인 학습환경뿐만 아니라 다양한 학습방법과 매체를 결합하여 활용하는 교수-학습 방법이다.

## 9. ③

표준화검사는 일정한 검사결과를 누구나 동일하게 해석할 수 있도록 해석절차와 해석방법을 엄밀하게 규정한다. 검사의 구성과 문항의 표집이 엄격한 예비조사를 통해 되었을 뿐만 아니라, 상당 한 수준의 타당도와 신뢰도가 보장되고 있고, 상대적 비교가 가능한 규준을 갖추고 있다.

## 10. ②

① 기획(planning) : 미래를 예측하고 행동계획을 수립하는 일. 예 교육기획, 학교기획

② 조직(organizing) : 인적·물적 자원을 조직하고 체계화 하는 일. 예 학교조직, 관료제

③ 명령(commanding) : 구성원으로 하여금 과업을 수행하도록 하는 일. 예 변혁적리더십

④ 조정(coordinating) : 모든 활동을 통합하고 상호 소정하는 일. 예 의사소통, 갈등조정

⑤ 통제(controlling) : 정해진 규칙과 명령에 따라 확인하는 일. 예 장학, 재정관리

## 11. ①

호손 공장 실험(Hawthorne experiment, 1924 ~ 1932)은 메이오 (E. Mayo)와 뢰슬리스버거(F.J. Roethlisberger)가 조명실험과 계전조립실험 등을 통하여 체계화한 것으로 경제적 요인보다는 비합리적 감정적 요소를 강조한다.

## 12. ④

요청장학은 교내 자율장학이 아니라 외부에 요청하여 지도·조언을 받는 장학이다.

## 13. ②

교육에 대한 규범적 정의, 즉 목적적 정의는 교육이 추구해야 할 하나의 가치를 내포해 교육의 방향감이나 목적의식을 갖는다.
① 변화에 중점을 두는 것으로 '조작적 정의'이다.
④ '기능적 정의'와 관련된다.

## 14. ③

③ 계몽주의 교육사조는 신성의 발현에 대해 부정적 관점이다.

## 15. ③

소과는 생원(경서를 외우는, 구술)과 진사(문장을 짓는, 논술)시로써 성균관의 입학시험의 성격을 지니고 있다.
① 대 과 : 오늘날 고등고시의 성격
② 식년시 : 3년마다 한 번씩 실시되는 정규시험
④ 증광시 : 알성시, 백일장 등과 같이 특별시험의 성격이다.

## 16. ②

학교교육은 능력주의(meritocracy) 이념을 통해 계급적 모순을 은폐하고 있다.

## 17. ③

• 자성예언 : 어떤 행동이나 학습을 함에 있어 학습자가 보이는 학습수준이 주변에서 특히 교사가 가지는 기대수준에 부합되게 일어나는 현상.

## 18. ④

• 「헌법」제31조
① 모든 국민은 능력에 따라 균등하게 교육을 받을 권리를 가진다.
② 모든 국민은 그 보호하는 자녀에게 적어도 초등교육과 법률이 정하는 교육을 받게 할 의무를 진다.
③ 의무교육은 무상으로 한다.
④ 교육의 자주성·전문성·정치적 중립성 및 대학의 자율성은 법률이 정하는 바에 의하여 보장된다.

⑤ 국가는 평생교육을 진흥하여야 한다.
⑥ 학교교육 및 평생교육을 포함한 교육제도와 그 운영, 교육재정 및 교원의 지위에 관한 기본적인 사항은 법률로 정한다.

## 19. ③

교육부장관은 기준재정수입액이 기준재정수요액에 미치지 못하는 지방자치단체에 대해서는 그 부족한 금액을 기준으로 하여 보통교부금을 총액으로 교부한다.

## 20. ④

전문인력정보은행제 : 유능한 전문인력자원의 인적정보를 수집하여 심사를 거쳐 DB를 구축하고 필요로 하는 평생교육기관에 검증된 정보를 제공하는 인적자원 관리·양성제도이다.

## 국가직 모의고사 6회

| 1 | ④ | 2 | ④ | 3 | ① | 4 | ④ | 5 | ② |
|---|---|---|---|---|---|---|---|---|---|
| 6 | ① | 7 | ③ | 8 | ④ | 9 | ④ | 10 | ④ |
| 11 | ③ | 12 | ④ | 13 | ② | 14 | ② | 15 | ③ |
| 16 | ③ | 17 | ① | 18 | ① | 19 | ③ | 20 | ① |

## 1. ④

• 일경험 다성과의 원칙 : 하나의 경험을 통하여 여러 성과를 거둘 수 있도록 계획

## 2. ④

• 합리적·처방적 교육과정 개발 모형 : 타일러

## 3. ①

① 거시체계 : 아동이 속해 있는 사회의 이념, 가치, 관습, 제도 등을 의미한다.
② 미시체계 : 아동과 아주 가까운 주변에서 일어나는 활동과 상호작용을 나타낸다.
③ 중간체계 : 가정, 학교, 또래집단과 같은 미시체계들 간의 연결이나 상호관계를 나타낸다.
④ 외체계 : 아동이 직접적으로 접촉하고 있지는 않지만 아동에게 영향을 주는 환경(부모의 직장, 보건소 등)을 나타낸다.

## 4. ④

장독립형 학습자는 사물을 분석적으로 지각한다.

## 5. ②

반동형성이란 자기가 실제로 가지고 있는 감정과 정반대되는 감정을 나타내는 것이다. 예를 들어 부모의 사랑을 빼앗아 간 어린 동생에 대한 증오심을 숨기기 위하여 동생을 더 예뻐하는 것이 있다.

## 6. ①

라이겔루스의 징교회 이론은 수업 내용을 단순 또는 간단한것에서부터 시작하여 보다 세부적인 것으로 조직하는 계열화 원리에 의해 구축되었다. 정교화의 계열화 원리는 '카메라의 줌 렌즈'에 비유된다.

## 7. ③

1) 프로젝트 학습과 협동학습 강조 : 킬패트릭(W. H. Kilpatrick)
  ① 경험주의 교육의 구체적 방법으로 프로젝트 중심 학습 (project Method)이 유행하였다.
  ② 프로젝트 학습의 과정 : 목표 설정, 계획, 실험, 판단의 네 단계
  ③ 프로젝트 학습법은 자신의 생각을 구현하기 위하여 계획을 세우고 그것을 실행하는 학습방법
  ④ 문제해결을 위한 프로젝트 학습법은 문제해결을 계획하고 그것을 실행하는 학습방법이다.
  ⑤ 교사중심의 설명식 수업법에 비하여 프로젝트 학습법은 학생의 자율과 창의성을 더 요구한다.

## 8. ④

• 규준지향평가 준거지향평가
① 상대평가 절대평가
② 변별도 강조 타당도 강조
③ 선발적 교육관 발달적 교육관
④ 정상분포 기대 부적편포 기대

## 9. ④

표준편차 10이며 원점수120-평균점수100=20으로 Z=2
Z=2의 백분위는 97%이다.

## 10. ④

관료제로서의 학교조직의 특성은 독립된 조직단위가 아니라 위계적

## 11. ③

광범위한 참여는 민주성의 원리이다.

## 12. ④

(1) 사회수요접근법
  사회수요접근법(social dermand approach)은 국민이 교육받을 수요가 얼마나 되느냐에 기초하여 교육기획을 수립하는 방법으로 일명 교육수요접근법이라 한다.
(2) 인력수요접근법
  인력수요접근법(manpower approach)은 일정한 시점에서 소요되는 인력을 추정하여 교육계획을 수립하는 접근방법이다. 징래 일정한 시점에 산업부문별로 얼마의 인력이 필요한가를 추정하여 계획을 세우는 방법으로, 이를 위해서는 미래의 경제 규모, 산업부문의 발전 정도 등이 먼저 추정되어야 한다.
(3) 수익률접근법
  수익률접근법(rates of retum approach)은 교육에 대한 투자의 효율성을 분석하는 접근법으로 교육에 대한 투자와 이의 성과를 측정하는 방법이다.
(4) 국제비교에 의한 접근법
  국제비교에 의한 접근법(intermational comparisons approach)이란 국가의 교육계획을 수립하면서 타 국가의 교육계획을 참고하는 방법이다. 보편적으로 후발국이 발전된 나라의 교육계획을 모방하나, 경우에 따라서는 발전된 나라가 후발국의 교육계획을 참고하기도 한다.

## 13. ②

지식교육을 통한 합리적 마음의 계발 강조하는 것은 자유교육이다. '피억압자들의 교육학'이라는 부제가 달린 《페다고지》에서 프레이리는 전통적 교육의 수동적 성격이 억압을 더욱 촉진시키는 결과를 낳았다고 주장하면서, '은행적금식'의 주입식 교육보다는 '문제제기식'의 교육을 해야 한다고 역설하였다. 즉, 프레이리는 종래의 교육을 은행에 비유해, 교사는 그릇된 정보를 적립하고 학생은 그런 교육체계에서 그저 그 정보만을 수거하는 수동의 위치에 머물러 있을 따름이라고 보았다. 그리고 그 대안으로 교사와 학생 간에 대화를 유발하는 '해방의 교육'을 주장하였다.

## 14. ②

종교개혁은 성서주의에 그 바탕을 두고 있다.

## 15. ③

무관을 선발하는 무과는 문과와 달리 소과가 없고 대과만 있다.

## 16. ③

① 부르디외는 상류층의 문화가 계급적 물썡등를 재쌩신 한다고 주장하였다.
② 부르디외는 현대사회는 상류층 문화에 의해 지배받고 있다고 주장하였다.

④ 부르디외는 상징적 폭력의 대표적 기관을 학교라고 보았다. 부르디외는 문화적 재생산이론에서 기존의 사회질서는 물리적 강제의 결과가 아니라, 상징적 폭력의 표현에 불과하다고 주장하였다. 지배계급은 언어나 신분, 지위, 위신, 관습과 같은 상징을 가지고 있는데, 이를 통해서 그들의 사고방식이나 지배유형 또는 문화양식이 자연스러운 질서를 가진 것처럼 보이게 한다. 작용하는 문화양식은 소비·분배·생산되는 경제적 자본의 운동원리와 비슷하게 문화시장'을 형성할 뿐만 아니라, 소유한 문화형태에 따라 화폐적 가치를 지니게 되는데 이를 '문화자본'이라고 한다.

## 17. ①

신교육사회학은 학교의 내부 과정에서 이루어지는 미시적 수준을 분석하고, 인간의 상호작용 행위에 대해 객관적이고 일정한 틀보다는 상황에 따른 해석적 과정을 요구한다.

## 18. ①

의결기관으로는 시·도 의회(교육위원회)가 있다. 교육감의 임기는 4년으로 하며, 교육감의 계속 재임은 3기에 한한다.

## 19. ③

「독학에 의한 학위취득에 관한 법률 시행령」제9조에 따라 국가기술자격취득자, 국가시험 합격 및 자격·면허 취득자, 일정한 학력을 수료하였거나 학점을 인정받은 사람은 1~3과정별 인정시험 또는 시험과목을 면제받을 수 있다.
1. 교양과정 인정시험 → 2. 전공기초과정 인정시험 → 3. 전공심화과정 인정시험 → 4. 학위취득 종합시험

## 20. ①

교육세는 지방교육재정교부금의 재원에 포함된다.

## 국가직 모의고사 7회

| 1 | ② | 2 | ③ | 3 | ① | 4 | ② | 5 | ① |
|---|---|---|---|---|---|---|---|---|---|
| 6 | ① | 7 | ④ | 8 | ② | 9 | ④ | 10 | ④ |
| 11 | ① | 12 | ④ | 13 | ④ | 14 | ① | 15 | ③ |
| 16 | ② | 17 | ④ | 18 | ③ | 19 | ④ | 20 | ② |

## 1. ②

②는 교육과정 개발의 입장이며 재개념화 이해의 입장이다.

## 2. ③

계열성(sequence)이란 시간의 경과에 따라 내용을 수준별로 조직, 심화하며 단순한 것에서 복잡한 것으로 나열하는 것이다.

## 3. ①

2) Selman의 사회적 조망수용이론 : 타인에 대한 이해란 곧 사회인지의 발달을 의미한다. 사회인지란 사회관계를 인지하는 것으로 타인의 사고와 의도, 정서를 생각할 수 있는 사회적 조망수용능력을 의미한다. 사회적 조망수용능력은 가정환경, 사회적 상황 등의 영향을 받으면서 발달하므로 나이에 상관없이 발달이 이루어질 수 있으며 청소년이나 성인도 (0단계나 1단계에 머무를 수 있다.
(1) 0단계 : 자기중심적 관점수용단계(3~6세)-타인을 자기중심적으로 보기 때문에 타인이 자신과 다른 관점 (생각, 느낌)을 가지고 있다는 것을 전혀 이해하지 못한다.
(2) 1단계 : 주관적 조망수용단계(6~8세)-동일한 상황에 대한 타인의 조망이 자신의 조망과 다를 수 있다는 것까지는 이해하지만 아직도 자기의 입장에서 이해하려고 한다.
(3) 2단계 : 자기반성적 조망수용단계(8~10세)-타인의 조망을 고려할 수도 있고 타인도 자기의 조망을 고려할 수 있다는 것을 인식한다.
(4) 3단계 : 상호적 조망수용단계(10~12세)-동시 상호적으로 자기의 타인의 조망을 각각 이해할 수 있다.
(5) 4단계 : 사회적 조망수용단계(12~15세)-동일한 상황에 대해 다른 생각을 한다고 해서 그 조망이 틀렸다고 인식하지 않으며, 자신이 다른 사람의 조망을 완전하게 이해하지 못한다는 것을 인식한다.

## 4. ②

렌줄리(J. S. Renzulli)가 제안한 영재성 개념의 구성요인은 ① 평균 이상의 일반능력, ② 높은 수준의 과제집착력, ③ 높은 수준의 창의성

## 5. ①

잘못된 사고 과정을 재구성하는 것을 인지적 상담이라고 한다.

## 6. ①

출발점 행동특성을 교수학습과정의 한 요소로 개념화 한 것은 글래이저(Glaser)의 교수과정이다.

## 7. ④

하이퍼미디어(텍스트)는 컴퓨터상에서 구현되는 비선형적으로 조직된 자료의 형태로 인지과학에 근거한 현대의 학습에 유용하여 학습자의 인지적 유연성을 기르기에 적합하다.

**8. ②**
- 형성평가 : ㄱ. 수업 중에 학습 오류 수정을 위하여 쪽지시험을 실시하였다.
- 진단평가 : ㄴ. 학생의 기초학습능력과 수업계획을 수립하기 위하여 선수학습 정도를 파악하였다.
- 총합평가 : ㄷ. 기말고사를 실시하여 성적을 부여하였다.

**9. ④**
측정이란 한 학생이 갖고 있는 여러 속성, 예를 들면 키, 몸무게, 영어성적 등의 어느 하나를 적어도 분류하거나 양화하는 과정을 의미한다. 평가란 한 학생의 어떤 특성이나 성취의 측정결과를 어떤 목적이나 기준에 비추어 얼마나 바람직하느냐 하는 가치판단을 따지는 과정이다. 즉 시험점수를 'ABC', '수우미' 등으로 등급을 매길 때 이를 비로소 '평가한다'고 말할 수 있다.

**10. ④**
①②는 기능설(조건정비설)의 입장이고
③은 공권설의 입장이다.

**11. ①**
①는 과학적 관리론의 기본 전제에 해당된다.

**12. ④**
교사의 동기는 보수 수준이나 근무 조건의 개선보다 가르치는 일 그 자체의 성취감 등을 통해 더욱 강화시는 동기부여는 동기-위생이론에서 동기이며 관련된 제도는 수석교사로 수업연구에 대한 재량권을 부여하였다.

**13. ④**
분석주의 교육철학은 교육철학의 학문적 객관성을 추구하였다.

**14. ①**
실학주의(Realism): 인문주의의 폐단을 정확히 인지하고 참다운 자유교육의 이상을 실현하고자 하였으며 언어주의자들에게 보이는 고전의 형식, 즉 어법, 문장의 구조, 문체보다는 고전에 포함되어 있는 실제 생활에 필요한 내용들, 이를테면 과학적, 역사적, 사회적 지식을 되살리고자 하였다.

**15. ③**
아동은 '자연의 시인'이고 어린이의 나라는 '죄 없고 허물없는 평화롭고 자유로운 한울나라'라고 주장한 소파 방정환은 천도교 엉향을 받았디.

**16. ②**
ㄱ. 의식화이론
ㄴ. 인간자본론
ㄷ. 재생산이론

**17. ④**
신교육사회학은 미시적 관점에서 학교교육의 문제를 이해하려고 한다.

**18. ③**
교육감후보자가 되려는 사람은 당해 시·도지사의 피선거권이 있는 사람으로서 후보자등록신청개시일부터 과거 1년 동안 정당의 당원이 아닌 사람이어야 한다.

**19. ④**
교육세는 국세이다.

**20. ②**
- 전체성(totality) : 학교교육과 학교 밖 교육(가정, 학원)도 공인함을 강조
- 보편성(universality) : 성, 계급, 종교, 연령, 학력에 관계없이 누구나 교육

## 국가직 모의고사 8회

| 1 | ④ | 2 | ③ | 3 | ④ | 4 | ① | 5 | ④ |
|---|---|---|---|---|---|---|---|---|---|
| 6 | ① | 7 | ④ | 8 | ② | 9 | ② | 10 | ③ |
| 11 | ① | 12 | ② | 13 | ① | 14 | ④ | 15 | ① |
| 16 | ③ | 17 | ③ | 18 | ② | 19 | ① | 20 | ③ |

**1. ④**
① 사전에 계획된 조직적이고 계통적인 수업을 선호한다. : 교과
② 학문의 핵심적인 아이디어 또는 기본원리 및 개념을 중시한다. : 학문
③ 문화유산을 체계화한 지식을 중심으로 교육과정을 설계한다. : 교과
④ 학생의 실생활 내용을 주로 다루며, 학생 흥미 위주의 수업을 지향한다. 경험

**2. ③**
①, ②, ④은 영교육과정의 사례이다.

**3.** ④
• 콜버그는 도덕성 발달이 인지적 재구조화에 따라 단계적으로 이루어진다고 보았다.
㉠ 콜버그(L. Kohlberg)는 피아제(J. Piaget)가 구분한 아동의 도덕성 발달단계를 더 세분화하여 성인기까지 확장하였다.
㉣ 길리건(C. Gilligan)은 콜버그의 도덕성 발달이론에 대해 남성 중심의 이론이며 여성의 도덕성 판단기준은 남성과 다르다고 비판하였다.

**4.** ①
행동의 강도와 빈도를 높이는 것은 강화이며 벌은 행동의 강도와 빈도를 감소시키는 것에 효과적이다.
② 부적강화 : 청소면제 ③ 정적강화 : 칭찬

**5.** ④
현실 요법 상담에서는 '거의 대부분의 인간의 행동은 자신이 선택한 것이다'라는 관점을 가진다. 따라서 선택한 행동에 대한 책임이 개인에게 있음을 강조한다.

**6.** ①
• 설계 단계(Design) : 학습내용과 매체를 선정하고 수업절차를 확인한다.

**7.** ④
비순차적 · 입체적 정보 제시

**8.** ②
사전 능력수준과 관찰 시점에 측정된 능력수준 간의 차이에 관심을 두는 것은 성장참조평가이다.

**9.** ②
② 변별력이 높아야 그 점수를 믿을 수 있다.
① 검사문항을 늘려야 신뢰도가 높아진다.(긴 검사가 짧은 검사보다 신뢰도가 높다.)
③ 적절한 문항 난이도

**10.** ③
③ 학교조직 역할과 인성 간의 상호작용 관계를 조화롭게 적용하는 것은 체제이론의 관점이다.

**11.** ①
① 학교의 장은 학업 중단의 의사를 밝힌 학생 등 학업 중단 위기에 있는 학생에 대하여 충분히 생각할 기회를 줄 수 있으나 그 기간을 출석으로 인정할 수 있다.

**12.** ②
① 교원위원은 교직원 전체회의에서 무기명 투표로 선출된다.
③ 교원위원은 위원장 또는 부위원장이 될 수 없다.
④ 위원의 수는 학부모위원이 가장 많다.

**13.** ①
비판적 교육철학은 프랑크푸르트 학파라 불리우며 교과지식의 획득보다는 사회의 구조적 문제해결에 더 관심을 두었다.

**14.** ④
계몽주의의 최고의 성과가 이성에 의한 비합리적인 정치체제의 타파였는데, 혁명을 통하여 드러난 이성의 취약한 면을 보고는 절망하지 않을 수 없었다.

**15.** ①
• 학교모범(學校模範) : 1582년(선조 15) 왕명에 의하여 지은 교육 훈규. 16조로 되어 있는데 당시 청소년의 교육을 쇄신하기 위한 것으로서, 학령(學令)의 미비한 점을 보충하였다. 학교생활뿐만 아니라 가정 및 사회 생활의 준칙까지 제시되어있다.

**16.** ③
학교교육에서 도덕교육이 중시되어야 한다고 주장하였다. 체벌 금지 학교교육은 사회적 기능을 수행하기 때문에 국가가 관여해야 한다. 시대가 바뀌더라도 도덕교육의 내용은 변한다.

**17.** ③
주어진 보기의 내용은 '학력이 지위획득의 수단이 된다'는 것으로 ③과 관련된다.
① 인간자본론 : 교육을 '증가된 배당금'의 형태로 미래에 되돌려 받을 인간자본의 투자로 보면서 인간이 교육을 통해 지식과 기술을 갖추게 될 때 인간의 경제적 가치는 증가하게 된다고 본다.
② 국민통합론 : 국가의 형성과 이에 따른 국민 통합의 필요성 때문에 교육이 팽창되었다고 설명한다.
④ 기술 기능이론 : 복잡한 산업사회에서 점차 기술의 수준이 높아감에 따라 학교는 사회의 구성원이 제 역할을 다할 수 있도록 인지적 능력, 전문적 기술과 지식을 가르쳐야 한다고 주장한다.

**18.** ②
수석교사는 임기 중에 교장 자격을 취득할 수 없다.

**19. ①**

우리나라 현행지방교육재원 중에서 규모가 가장 큰 것은 지방교육 재정 교부금이다.

**20. ③**

평생교육은 형식적·비형식적 교육을 모두 포함하며, 개방성과 정형성을 특징으로 교육한다. 21C 지식기반사회에 즈음하여 현재의 형식적·계획적·제도적 학교교육만으로는 부족하기 때문에 누구나 언제 어디서든지 교육을 하자는 것이다. 평생교육은 형식적 학교교육만이 아니라 학교 밖에서 이루어지는 모든 교육에도 정통성을 부여한다.

## 국가직 모의고사 9회

| 1 | ④ | 2 | ④ | 3 | ④ | 4 | ② | 5 | ④ |
|---|---|---|---|---|---|---|---|---|---|
| 6 | ③ | 7 | ② | 8 | ④ | 9 | ② | 10 | ③ |
| 11 | ④ | 12 | ② | 13 | ③ | 14 | ② | 15 | ① |
| 16 | ③ | 17 | ① | 18 | ④ | 19 | ② | 20 | ③ |

**1. ④**

애플은 현실을 변화시키기 위해서는 실재에 대한 비판적 이해가 선행되어야 한다고 보았다. 은행저축식 교육에 대한 비판은 프레이리의 주장이다.

**2. ④**

① 파이너(Pinar) : 교육과정을 쿠레레(Currere)의 관점으로 재개념화하였다.
② 타일러(Tyler) : 목표 설정 - 학습경험의 선정 - 학습경험의 조직 - 평가의 교육과정 구성요소를 밝혔다.
③ 워커(Walker) : 실제 교육현장에서 이루어지는 교육과정 개발과정을 3단계로 제시하였다.

**3. ④**

피아제(J. Piaget)의 인지발달단계를 순서는 감각운동기 – 전조작기 - 구체적 조작기 - 형식적 조작기

**4. ②**

사회인지 이론은 관찰하는 것으로 학습이 이루어진다고 본다.

**5. ④**

홀랜드(Holland)는 여섯 가지 성격유형(실재적, 탐구적, 예술적, 사회적, 설득적, 그리고 관습적)으로 나누었다.

**6. ③**

출발점 행동이란 새로운 학습 이전에 선수학습 수준이라 할 수 있다.

**7. ②**

② 민주적인 학급운영에 있어서 가장 중요한 것은 학생의 참여이다.

**8. ④**

수행평가는 스스로가 자신의 지식이나 기능을 나타낼 수 있도록 산출물을 만들거나 행동으로 나타내거나 답을 작성하도록 하는 평가로서 결과보다는 과정을 중시한다. 따라서 답은 ④이다.
① 평가 자체에 대한 평가를 강조하는 것은 메타평가이다.
②, ③ 전통 평가에 대한 설명이다.

**9. ②**

협동학습의 유형으로
(가)는 직소(Jigsaw) 모형, (나)는 학생팀성취분담법(STAD)에 대한 내용이다. 따라서 정답은 ②이다.
③ 학문중심 교육과정
④ 무임승객 효과 : 학습능력이 낮은 학습자가 적극적으로 학습에 참여하지 않고도 높은 학습의 성과를 공유할 수 있는 것

**10. ③**

문항곤란도(난이도)는 한 문항의 어려운 정도로서 정답을 할 확률로 나타난다. 문항곤란도는 검사문항의 수준조절 및 문항배열의 순서를 정하는 데 사용된다.
① 높은 계수가 산출되면 쉬운 문항이다. 다시 말해서 문항곤란도가 클수록 그 문항은 쉬운 문항이다.
② 각 문항에 대한 전체 피험자 집단의 반응 중 정답자 비율로 산출된다.
④ 이상적인 문항곤란도는 50%로 산출될 때이다.

**11. ④**

• 전문관료제(professional bureaucracy) : 기술의 표준화를 조정 기제로 하는 조직이다. 현업핵심계층이 조직의 핵심적인 부분이 되며, 실무전문가들의 기술과 지식에 의존하는 조직이다. 전문가 스스로 자신을 통제하고 작업기준을 개발하기 때문에 별도의 전문기술 부분은 크게 필요하지 않으며, 분권화되고 이완된 형태를 띤다. 전문가 조직이나 체계화된 대규모 학교 등에서 나타난다.

**12. ②**

독단형으로 자기수장은 강하면서도 상대방 의견에 대해서는 불

신하고 비판적이며 수용하려 하지 않는 유형이다.

### 13. ③

비판철학은 교과지식의 획득보다는 사회의 구조적 문제해결에 더 관심을 둔다.

### 14. ②

'백지설'을 주장하면서 환경의 중요성을 강조한 사람은 로크 (Locke)이다.

### 15. ①

- 동몽선습(童蒙先習): 조선 중종 때 학자 박세무(朴世茂)가 저술
① 조선 중종 때의 학자인 박세무(1487~1554)가 저술한 동몽선 습은 동몽들이 무엇보다 먼저 익혀야 할 내용을 경(經)과 사 (史)로 나누어 제시한 책이다.
② 경(經) : 오륜, 즉 부자유친·군신유의·부부유별·장유유서·붕 우유신에 대하여 논하고 있다.
③ 사(史) : 삼황·오제에서부터 명나라에 이르는 중국 역대의 사 실(史實)과 함께 단군(檀君)에서 조선에 이르는 우리나라의 역사를 기술하였다.

### 16. ③

1. 덕체지 강조
2. 체벌 불가
4. 시대가 변하면 도덕교육도 변화

### 17. ①

재생산론의 인간관은 경제와 문화라는 구조에 인간을 한정시킴 으로써 지배계급에 종속되는 구조적 존재로 보고 있으나 저항이 론은 자율적인 존재로 저항하는 모습을 보인다.

### 18. ④

| 교원 연수 | 기관중심 (법정) | 자격 연수 | 자격취득연수 : 1급 정교사, 교감·교장 자격 |
|---|---|---|---|
| | | 직무 연수 | 수시연수 : 직무수행에 필요한 능력 배양 |
| | | 특별 연수 | 부정공 연수 : 학위취득, 해외 유학 및 연수 |
| | 단위학교 (비법정) | | 연구수업, 동학년 협의회 |
| | 개인중심 (비법정) | | 학위취득, 개인별 연구, 학회 |

### 19. ②

학교회계 세입세출 예산안은 학교운영위원회의 심의를 거쳐야 한다.

### 20. ③

인간의 전 생애에 걸친 교육기회 제공, 인간의 발달단계에 적합 한 교육기회 제공, 인간의 전 생애에 걸친 학습지 원을 위한 제도 적 장치 마련, 공교육기관의 평생교육기관으로서의 기능 강화를 통해 개인의 사회 참여 등이다.

## 국가직 모의고사 10회

| 1 | ④ | 2 | ① | 3 | ④ | 4 | ① | 5 | ④ |
|---|---|---|---|---|---|---|---|---|---|
| 6 | ③ | 7 | ① | 8 | ④ | 9 | ③ | 10 | ③ |
| 11 | ② | 12 | ② | 13 | ④ | 14 | ④ | 15 | ③ |
| 16 | ④ | 17 | ② | 18 | ④ | 19 | ④ | 20 | ② |

### 1. ④

학교는 국가 수준 및 지역수준의 교육과정의 지침에 따라 편성·운영할 수 있다.
전문가로서의 교사의 자율성은 강조되지만 학교는 국가 교육과정의 일정한 통제하에 교육과정을 자유롭게 운영해야 한다.

### 2. ①

실제 교수·학습 활동을 중요한 개념적 요소로 포함하는 교육과정의 정의는 학생들이 교육과정을 통해 학교의 지도 아래 학생이 겪는 경험이다.

### 3. ④

학생들의 잠재적 발달 수준은 다르며 비고츠키는 개인의 잠재적 수준을 고려한 역동적 평가를 강조한다.

### 4. ①

목적적 행동주의는 톨만의 잠재학습을 가리키는 말이며 눈에 보이는 행동의 변화만이 학습은 아니며 구체적인 행동이 아니라 인지도(cognitive map)를 학습한다고 본다.

### 5. ④

① 수용 : 상대방이 이야기한 것을 이해하고 받아들였다는 것을 표현하면서 상대방의 사고흐름을 방해하지 않는 것
② 질문─내담자의 사고·느낌·행동방식을 구체적으로 확인하 는 것으로, 내담자가 새로운 시각에서 생각해 볼 수 있는 자극 이 된다.
③ 직면 : 내담자의 행동, 사고, 감정에 있는 불일치나 모순을 깨 닫도록 하는 것

## 6. ③

① 주의 집중(Attention) : '학습자의 주의 집중을 어떻게 유발시키고 어떻게 유지시킬 수 있는가?'

사례) 비일상적인 내용이나 사건의 제시를 통해 흥미유발

② 자신감(Confidence) : 도전감을 느낄 수 있는 문제를 제시하고, 이를 해결했을 때 기분 좋게 느끼도록 한다. 쉬운 것에서 어려운 것의 순서로 과제 제시

③ 관련성(Relevance) : 친밀한 인물이나 사건의 활용

④ 만족감(Satisfaction) : 성공적 학습 결과에 대한 긍정적 피드백 제공

## 7. ①

학습의 질을 관리하고 평가하기가 어렵고, 인간적인 대면접촉의 기회가 감소된다.

## 8. ④

기울기 = 변별도(기울기가 가파를수록 변별도가 높다)

① 문항 1의 기울기는 문항 2의 기울기보다 가파르므로 변별도가 높다.

② 문항 2는 문항 3보다 추측도가 높다.

③ 문항 3의 기울기는 문항4의 기울기보다 완만하므로 변별도가 낮다.

## 9. ③

평가도구에 의해 밝혀진 행동특성과 제3의 행동준거와 비교하여 타당도의 정도를 밝히는 것을 공인타당도라 한다.

① 구인(성) 타당도(Construct Validity) : 내적 구조에 기초한 근거, 심리적 특성을 이루고 있는 하위 구인들이 실제로 검사 도구에 구성되고 있는지를 측정하는 것이다.

② 내용타당도(Content Validity) : 검사내용에 기초한 근거, 교수·학습과정에서 설정하였던 교육목표의 성취 여부를 묻는 학업성취도 검사의 타당성 검증을 위하여 내용타당도가 주로 사용된다.

④ 예언(측) 타당도(Predictive Validity) : 대학수학능력시험-학점, 준거관련 타당도 중에 하나이며, 검사 도구가 수험자의 미래의 행동특성을 어느 정도 정확하게 예언하는지를 나타내는 지수를 말한다.

## 10. ③

주어진 문제와 관련된 것은 ③이다.

① 과학적 관리론에 관한 설명이다.

② 인간관계론에 관한 설명이다.

④ 델파이방법에 관한 설명이다.

## 11. ②

① 발전기금은 학교교육시설의 보수 및 확충, 교육용 기자재 및 도서의 구입, 학교 체육활동의 지원, 학생복지 및 학생자치활동의 지원 등에 사용해야 하며 교원의 복지에는 사용할 수 없다.

③ 출납 명령기관은 학교운영위원회 위원장이다.

④ 발전기금은 운영위원장 명의로 한다.

## 12. ②

초빙교사, 연수와 연구는 교원의 전문성 신상과 관련되지만 교원 복수노조 허용은 전문성보다 복지 또는 의견수렴과 관련된다고 볼 수 있다.

## 13. ④

교과에 초점을 맞추어 규정한 교육내용은 지식의 형식이며 교육의 개념을 정의하는 데 사용한 용어는 성년식이다.

## 14. ④

• 프뢰벨 : 놀이의 교육적 가치를 실현하기 위해서 '은물(가베)'이라는 이상적 놀이감을 구현 하였다

## 15. ③

① 성균관은 '재회'라는 총학생회가 있었다.

② 학교교육의 시작은 삼국시대 '태학'에서 시작되었다.

④ 오늘날 공립학교의 토대는 향교이다.

## 16. ④

신교육사회학은 미시적 관점에서 학교교육의 문제를 이해하려고 한다.

## 17. ②

• 프레이리 : 지배계급의 도구적 수단으로 전락한 교육 형태는 은행저축식교육이다.

## 18. ④

④ 교육지원청 장학사가 도교육청 장학사로 임용된 경우 : 전보

## 19. ④

학교의 장은 회계연도마다 결산서를 작성하여 회계연도가 끝난 후 2개월 이내에 학교운영위원회에 제출하여야 한다.

## 20. ②

노울즈(M. Knowles)의 자기주도적 학습(self- directed learning)은 성인을 위한 학습전략으로 시작되있다.

## 국가직 모의고사 11회

| | | | | | | | | | |
|---|---|---|---|---|---|---|---|---|---|
| 1 | ④ | 2 | ④ | 3 | ① | 4 | ② | 5 | ③ |
| 6 | ③ | 7 | ④ | 8 | ④ | 9 | ① | 10 | ④ |
| 11 | ③ | 12 | ② | 13 | ① | 14 | ④ | 15 | ③ |
| 16 | ④ | 17 | ④ | 18 | ① | 19 | ② | 20 | ④ |

## 1. ④

타일러는 가치중립적 모형이다.

## 2. ④

학부모 요구는 외적 요인이다. 외적 요인으로는 문화적·사회적 변화, 학부모 요구 및 기대, 지역사회의 가치, 부모와 자녀간 관계의 변화, 이데올로기, 교과 성격의 변화 등이다. 내적 요인으로는 학생의 적성, 능력, 교육적 요구와 교사의 가치, 태도, 기능, 지식, 경험, 강점 및 약점, 역할, 학교 풍토 및 정치적인 구조 등이다.

## 3. ①

② 신뢰 대 불신 ③ 정체감 대 역할 혼미 ④ 자율성 대 수치심

## 4. ②

②은 수행목표(perfomance goal)이다. 자신의 유능함과 능력이 다른 사람의 능력과 어떻게 비교되느냐에 초점을 둔 목표이다. 자신의 능력이 타인에 의해서 어떻게 평가받는가에 관심을 둔다.

## 5. ③

① 원초아(id)는 인간의 본능들로 구성된 성격구조다. 이것은 태어날 때부터 존재하는 구조로서, 인간이 생존하기에 필수적인 욕구와 충동들을 포함하고 있다.

② 사아(ego)는 현실적인 외부세계와 관계를 가지며, 성격의 행정부로서 제어하고 통제하며, 조절한다. 자아는 현실원리에 입각하여 현실적이고 논리적인 사고를 하며, 욕구충족을 위한 활동계획을 수립한다.

③ 초자아(superego)는 성격의 도덕적인 부분, 혹은 양심에 해당된다. 초자아는 사람의 도덕적 규범으로서 행동의 선악과 옳고 그름에 관한 것이 초점이 된다.

## 6. ③

주어진 보기의 내용은 교수·설계모형인 ASSURF 모형에서 'U' 즉, 매체와 자료의 활용과 관련된다.

## 7. ④

① 정보처리이론에 대한 설명이다.

② 교사는 지식의 전달자가 아니라 학습 안내자, 촉진자로서 역할을 수행한다.

③ 비구조적인 문제를 창안해 낼 때 주의할 사항으로는 실제 생활과 밀접한 관련이 있어야 하고, 학습자의 사고를 촉진시킬 수 있는 문제이어야 한다.

## 8. ④

정의적 행동 특성의 최고단계는 인격화이다.

## 9. ①

• 내적타당도(internal validity) : 연구가 얼마나 인과관계를 명확하게 추론, 즉 실험연구에서 독립변인 이외의 다른 변인들이 종속변인에 미치는 영향을 잘 통제하는 것

• 실험연구는 통제된 상황에서 독립변인들을 인위적으로 조작하여 그것이 종속변인에 어떠한 영향을 미치는가를 파악함으로써 독립변인과 종속변인간의 관계를 발견한다.

## 10. ④

• 행동과학론 : 과학적 관리론과 인간관계론의 관점을 통합해 보려는 시도가 나타나기 시작하였다.

## 11. ③

주어진 문제의 내용은 수직적이며 종적 구조로 계선조직 또는 직계조직이라 한다.

※ 공식 조직으로 학교조직도 유형

③ 계선 조직(line organization)은 조직도의 수직적인 라인에 있는 부서로, 상하 위계 속에서 지휘와 명령 계통에 따라 업무를 직접 수행하는 조직이다. 학교의 교무 분장 조직 등으로 업무의 통일성, 능률성, 책임성을 중시한다, 계선 조직은 지시, 명령, 집행, 결정 등이 이루어지고 결과에 대한 책임을 직접적으로 진다.

① 보조 조직(auxiliary organization)은 계선 조직과 참모 조직 이외에 어느 정도 독립성을 지닌 지원 조직으로 주로 대규모의 조직에서 나타난다.

② 참모 조직(staff organization)은 계선조직이 의사결정이나 업무를 원활히 수행할 수 있도록 전문적인 자문이나 조언을 하는 조직이다. 전문성의 원리가 중시되며, 주로 기획, 자문, 협의 정보수집, 통제, 인사, 조직, 연구 등의 역할을 수행한다. 간접적인 권한 행사와 책임을 지니며, 업무에 있어 전문성과 개혁성을 중시한다. 학교 조직 내의 기획위원회, 학교운영위원회 등이 침모조직이나.

## 12. ②

인간에 대해 통제와 잠재력 발전으로 이원화 시켜 사고하는 것은 맥그리거(Mcgregor)의 X-Y이론이다.

## 13. ①

입학도설은 조선초기의 교재이다. 입학도설(入學圖說) : 1425년 (세종 7), 저자 권근(1352~1409)

## 14. ④

프뢰벨 – 유치원의 교육학

## 15. ③

포스트모더니즘은 반정초주의(anti-foundationalism)를 표방한다.
① 학문중심 교육과정에 대한 설명이다.
② 교과중심 교육과정에 대한 설명이다.
④ 포스트 모더니즘은 거대서사를 거부한다.

## 16. ④

볼스와 긴티스는 객관화된 검사는 과학적 이데올로기에 의해 지지된 사회공학적 허구며, 객관화된 검사 자체가 완전한 과학적 근거를 갖추지 못하고 있다고 하였다.

## 17. ④

번스타인(B. Bernstein)의 교육과정사회학 이론 중 분류(classfication)의 개념에 대한 설명으로 바른 것은 '분류가 약할수록 교육과정이 사회·경제적 요구에 민감하게 반응하여 변화한다.' 이다.
① 분류는 과목 간, 전공분야 간, 학과 간의 구분을 말한다. 구조는 교과 또는 학과 내의 내용 구분을 말한다.
② 분류가 약한 경우 타 분야와의 교류가 활발해진다.
③ 분류가 강한 경우 상급 과정으로 올라갈수록 교과내용이 전문화·세분화된다.

## 18. ①

제4조(교원의 불체포특권)
교원은 현행범인인 경우 외에는 소속 학교의 장의 동의 없이 학원 안에서 체포되지 아니한다.

## 19. ②

① 학교 예산안은 학교운영위원회의 심의 사항이다.
③ 학교시설의 유지관리비는 예산안이 확정되지 아니한 때에도 전년도 예산에 준하여 집행할 수 있다.
④ 학교장은 회계연도마다 학교회계 세입세출예산안을 편성하여 회계연도가 시작되기 30일 전까지 학교운영위원회에 제출하여야 한다.

## 20. ④

• 학점은행제 - 취득한 학점은 일정 조건을 갖추게 되면, 독학 학위제의 시험 응시자격에 활용될 수 있다.

## 국가직 모의고사 12회

| 1 | ④ | 2 | ③ | 3 | ① | 4 | ③ | 5 | ④ |
| 6 | ④ | 7 | ③ | 8 | ④ | 9 | ① | 10 | ① |
| 11 | ③ | 12 | ② | 13 | ④ | 14 | ② | 15 | ④ |
| 16 | ② | 17 | ① | 18 | ③ | 19 | ③ | 20 | ① |

## 1. ④

범위성(scope)이란 다루어야 할 내용의 영역과 범위를 결정하는 것이다. 폭과 깊이를 모두 고려하는 것을 말하며 대체로 할당된 수업시수로 표현한다.

## 2. ③

① 교과내용을 미리 선정하거나 조직하지 않고 학습의 장에서 결정한다. : 경험
② 교과의 중요성은 구체적인 내용에 있기보다는 내용을 담는 형식에 있다. : 교과
③ 학습의 계열화를 통한 나선형 교육과정을 강조한다. : 학문
④ 교육과정의 효율성을 위하여 체계적이고 과학적인 방법론을 적용한다. : 교과

## 3. ①

길리건은 서양의 기존 윤리관을 남성 중심의 성차별적 윤리관으로 규정하고 이에 대한 대안으로서 배려의 윤리를 주장하였다

## 4. ③

자기결정성은 환경에 대해 어떤 행동을 취할 것인가를 스스로 결정하는 것으로 개인의 의지를 사용하는 과정이다.

## 5. ④

① 퇴행 - 만족이 주어졌던 발달 초기의 수준으로 돌아가 미숙한 반응을 나타내어 불안을 극복하려는 것
② 합리화 - 사회적으로 용납될 수 없거나 수치스러운 욕구가 외부로 나타나지 않도록 욕구와 반대되는 행동과 태도를 보이는 것
③ 승화 - 사회적으로 가치있는 일을 성취하려고 노력함으로써 자신이 억압당하고 있는 욕구를 만족시키는 것

## 6. ④

- 김 교사 : 복잡한 개념을 가르치기 위해 다양한 관점을 보여주는 여러 사례 → 인지적 유연성(flexibility) 이론
- 박 교사 : 스스로 목표를 정하여 학습하게 하고, 그 후에는 정보 탐색 활동에 대한 기록과 점검을 통해 자기평가를 수행 → 자기 조절 학습
- 분지형 프로그램 : 학습과제에 대한 학습자의 반응 정도에 따라 학습 단계에 따라 학습한다.

## 7. ③

브루너(Bruner) - 발견적 교수이론

## 8. ④

①, ②는 수업의 효과를 파악하는 목표달성 모형이다
③은 의사결정 모형이다.
탈목표 모형은 수업의 과정을 파악하는 가치판단 모형으로 어떤 대상(교육프로그램, 교수자료)의 실체를 기술하고 그 가치를 판단하는 것이다. 주된 관심은 평가 그 자체가 얼마나 유리한가 혹은 좋은가라는 전문가의 판단으로 스크리븐(Scriven)은 형성평가와 총괄평가로 구분하였다. 탈목표 평가에서는 목표달성 정도보다는 프로그램의 교정 정보 제공에 중점을 둔다.

## 9. ①

측정관이란 교육에 관한 모든 현상을 객관성 및 신뢰성이 있도록 양적으로 측정하는 행위를 말한다.
1) 선발적 교육관 : 측정관
2) 발달적 교육관 : 평가관
3) 인본주의적 교육관 : 총평관

## 10. ①

관료제화가 될수록 법적 제도가 많아진다.

## 11. ③

교육행정의 기능 : 기획 - 조직 - 명령 - 조정 - 통제
① 조직에 대한 설명이다.
② 지시(동기부여)에 대한 설명이다. ④ 기획에 대한 설명이다.

## 12. ②

㉠ 허시
㉡ 교도소
㉢ 규범
㉣ 일반회사

## 13. ④

진보주의 교육철학은 변화, 상대성에 치중하여 절대적 진리를 무시한다. 따라서 답은 ④이다.

## 14. ②

② 로크(Locke)는 사회적 실학주의에 해당된다. 그리고 경험론 사로서 「인간오성론」에서 백지설을 주장하여 교육만능설적 입장을 취하였다. 인문주의 - 에라스무스

## 15. ④

고려시대까지 5경 3사가 핵심을 이루었으나 조선시대에는 주자학의 영향으로 4서 3경이 핵심 교과로 자리 잡게 되었다.

## 16. ②

학교와 노동관계를 연구한 이론은 대응원리이다.

## 17. ①

① 지식의 보편성. 절대성을 부정한다.
지식사회학은 그간 옳다고 믿어 왔거나 그렇게 강요된 관념과 지식 체계들을 일단 의심하는 데카르트적 회의에서 출발해 지식의 근원과 지식 생산자의 존재 구속성을 분석하고 평가하는 학문이다. 칼 만하임은 지식사회학을 "사회생활에서 불확실하고 모호하게 보이는 모든 것에 대한 의심의 체계화"라고 정의했다. 만하임은 마르크스의 전통과는 달리 인간의식과 사고의 모든 영역에서 이데올로기가 존재한다는 통찰에서 출발했다. 어느 특정한 의식과 사고체계만이 허위의식이라는 논리는 성립할 수 없으며, 단지 상호비판만이 가능할 따름이라는 것이다.

## 18. ③

| 교육직원 | 국공립 계통 교육 직원 | 교육 공무원 특정직 | 교원 | 교장, 교감, 교사, 수석교사 |
|---|---|---|---|---|
| | | | 조교 | |
| | | | 교육전문작원 | 장학관, 장학사, 교육연구관 |
| | | 일반직 공무원 | 사무계 | 일반행정, 교육행정, 사서 |
| | | | 기술, 보건, 정보통신계 | |
| | | 기타 (별정직) | 비서관 | 비서, 고용직 |
| | 사립계 통교육 직원 | | 교원 | 교장, 교감, 교사 |
| | | | 조교 | |
| | | | 교육행정직원 | |

## 19. ③

학교장은 결산서를 작성하여 회계연도 종료 후 2월 이내에 학교 운영위원회에 제출해야 한다.

## 20. ①

평생교육법 제21조 ②항에서 '사내대학 형태의 평생교육시설은 당해 사업장에 고용된 종업원을 대상으로 하되 교육에 필요한 비용은 고용주가 부담함을 원칙으로 한다.'고 규정하고 있다. 따라서 답은 ①이다.

### 국가직 모의고사 13회

| 1 | ④ | 2 | ④ | 3 | ③ | 4 | ① | 5 | ① |
|---|---|---|---|---|---|---|---|---|---|
| 6 | ④ | 7 | ③ | 8 | ④ | 9 | ① | 10 | ④ |
| 11 | ④ | 12 | ④ | 13 | ③ | 14 | ③ | 15 | ④ |
| 16 | ② | 17 | ② | 18 | ③ | 19 | ② | 20 | ③ |

## 1. ④

잠재적 교육과정보다 목표 중심의 교육과정을 중시한다. : 타일러

## 2. ④

수직적 연계성은 이전에 배운 내용과 앞으로 배울 내용의 관계에 초점을 두며 특정한 학습의 종결점이 다음 학습의 출발점과 연결하는 원리이다.

## 3. ③

① 감각 운동기 ② 전조작기 ③ 형식적 조작기 ④ 구체적 조작기

## 4. ①

① 서스톤(Thurstone) — 지능의 구성요인으로 7개의 기본정신 능력이 존재한다.
② 길포드(Guilford) - 지능은 내용, 산출, 조작(operation)의 세 차원으로 구성되어 있다.
③ 가드너(Gardner) - 8개의 독립적인 지능이 존재하며, 각각의 지능의 가치는 문화나 시대에 따라 달라진다.
④ 스턴버그는 삼원지능이론을 주장하여 지능을 분석적, 창의적, 실제적 지능으로 구분하였다. 유동적 지능과 결정적 지능으로 구분한 것은 카텔(R. B. Cattell)이다.

## 5. ①

• 자유연상 : 프로이드는 최면술보다는 브로이어(J. Breuer)가 사용했던 담화치료(talking cure)에 매료되어 이를 자유연상(free association)으로 발전시켰다. 자유연상은 내담자로 하여금 자신의 마음에 떠오르는 모든 것을 검열이나 비판없이 표현하게 하는 방법이다.

## 6. ④

① 언어적 정보에 대한 설명이다.
③ 운동기능에 대한 설명이다.
② 태도학습에 대한 설명이다.

## 7. ③

③ 분석 - 전자 매체의 기술적 동향 분석
① 실행 - 실제 적용 및 교수학습 과정 지원
② 설계 - 매체의 특성에 부합하는 제시 전략 수립
④ 평가 - 평가 실시 및 지원

## 8. ④

평가가 측정보다 더 포괄적인 개념이다. 평가하기 위한 방법 중에 하나가 측정이다.

## 9. ①

②③③는 측정관과 관련된다.

## 10. ④

① 체제나 조직 내의 참여자에게 보다 많은 자유재량권과 자기 결정권을 제공한다 : 이완결합체제로서의 학교
② 학교 구성원들의 참여가 유동적이고 간헐적이다 : 조직화된 무정부로서의 학교
③ 조직의 효율적인 운영을 위해서는 신뢰의 원칙이 중요하다 : 이완결합체제로서의 학교

## 11. ④

주어진 보기의 내용은 컨설팅 장학과 관련된다. 컨설팅 장학은 교원들의 전문성 개발을 위한 교원들의 요청과 의뢰에 의해 전문성을 갖춘 사람들이 제공하는 자문활동이다.
① 임상장학 : 학급 내에서 수업의 질을 개선하기 위한 것으로, 교사와 학생 사이에서 이루어지는 상호작용에 초점을 둔다.
② 약식장학 : 평상시에 교장 및 교감의 계획과 주도하에 이루어지는 것으로 일상 장학이라고도 부른다.
③ 동료장학 : 교사 간에 상호협력하는 장학형태로 인적자원활용의 극대화라는 측면에 장점이 있다.

## 12. ④

다음 중 학교발전기금의 사용용도에 해당되지 않는 것은 교원연수 비용에 지원이다.

## 13. ③

텍스트를 매개로 이루어지는 교육적 의미소통의 목적은 텍스트

에 제시된 정확한 사실이나 정보를 찾아내어 그것을 암기하고 학습하는 데 있다기보다, 텍스트에서 다루고 있는 세계에 대한 교사와 학생들의 경험을 기초로 텍스트를 통해서 드러내려고 하는 세계에 관심을 기울임으로써 텍스트가 본래 가지고 있는 약점을 극복하고 그것이 드러내려고 하는 세계에 대한 진정한 의미를 수구하는 데 있다.

## 14. ③

① 듀이가 주장한 내용이다.
② 부버가 주장한 내용이다.
④ 페스탈로치가 주장한 내용이다.

## 15. ④

• 교육과정 : 사서(四書) 공부이후 삼경으로 나아간다. 주자학(朱子學)에서 제시하는 바람직한 공부의 모습
1) 위기지학(爲己之學)을 통한 참된 본성의 실현을 지향한다.
2) 공부의 전(全) 과정에서 경(敬)의 자세가 근간이 된다.
3) 소학(小學)에서 대학(大學)으로 이어지는 단계를 밟는다.
4) 지(知)와 행(行)이 서로를 밝히고[相發] 함께 진전한다[竝進].

## 16. ②

갈등론적 관점

## 17. ②

주어진 문제의 내용은 능력이 낮은 학생에게는 더 많은 시간과 노력을 기울여야 하고 더 좋은 교육조건을 제공해야 한다는 것으로 산출면의 평등, 보상적 의미의 평등 즉, 결과의 평등과 관련된다.
①, ③ 교육조건(과정)의 평등 : 학교의 시설, 교사의 자질, 교육과정 등에 있어서 학교 간의 차이가 없어야 한다고 주장한다. ex) 고교평준화 정책
④ 교육기회의 허용적 평등: 신분, 성, 인종, 지역, 종교 등을 이유로 교육기회를 제한하는 일을 금지함으로써 개인이 원하고 능력이 미치는 데까지 교육을 받을 수 있도록 법이나 제도상으로 허용해야 한다.

## 18. ③

③ 교육감은 학교폭력의 실태를 파악하고 학교폭력에 대한 효율적인 예방대책을 수립하기 위하여 학교폭력 실태조사를 연 2회 이상 실시하여야 한다.

## 19. ②

학생이 사설학원에 내는 학원비는 사교육비이다.

## 20. ③

③ 학습에 대한 정적 강화가 부적 강화보다 효과적이다.

## 국가직 모의고사 14회

| 1 | ② | 2 | ① | 3 | ③ | 4 | ③ | 5 | ③ |
|---|---|---|---|---|---|---|---|---|---|
| 6 | ② | 7 | ④ | 8 | ② | 9 | ③ | 10 | ③ |
| 11 | ③ | 12 | ④ | 13 | ① | 14 | ① | 15 | ④ |
| 16 | ② | 17 | ④ | 18 | ④ | 19 | ② | 20 | ④ |

## 1. ②

잠재적 교육과정의 부정적인 현상은 학교교육의 우연적인 결과라기보다는 누군가에 의해 고의적으로 '의도'된 것이라는 시각으로 보는 것은 애플(M. Apple), 지루(H. Giroux)의 잠재적 교육과정(hidden curriculum) 관점이다.

## 2. ①

신뢰감 대 불신감 - (가) A. 자율성 대 수치심과 회의 - (나) B. 주도성 대 죄책감 - 근면성 대 열등감 - (다) C. 정체성 대 역할혼미 - (라) D. 친밀감 대 고립감 - 생산성 대 침체감 - 통합성 대 절망감

## 3. ③

제6차 교육과정기

## 4. ③

발표 이후 집으로 돌아와 마음 속으로 '다시는 발표 안 해', '학교 가기 싫어.'라고 생각했다는 정서적 반응은 고전적 조건 형성이다.

## 5. ③

합리적·정서적 상담에서는 인간의 비합리적인 사고로 인해 나타나는 문제를 해결하기 위해서 비합리적 사고를 합리적인 사고로 바꾸어야 한다고 주장한다.

## 6. ②

ㄱ. 라이겔루스(C. Reigeluth)의 이론에 근거하여 이번 달 단원 수업을 단순하고 기본적인 것으로부터 복잡하고 상세한 것으로 계열화하였다. : 정교화 전략
ㄴ. 켈러(J. Keller)의 이론에 근거하여 학생들에게 친근한 인물이나 사건을 활용하여 동기를 유발하였다. : 관련성 전략
ㄷ. 메릴(M. Merrill)의 이론에 근거하여 교과내용을 일반적 내용과 구체적 사례로 분류하고, 이를 다시 설명방식과 질문방식으로 나누어 자료를 제시하였다. : 일차적 자료 제시

- 미시조직전략 : 하나의 아이디어를 가를칠 때 교수전략
- 정교화 전략 : 수업 내용을 단순 또는 간단한 것에서부터 시작하여 보다 세부적인 것으로 조직하는 계열화 원리
② 관련성(Relevance) : 친밀한 인물이나 사건의 활용
- 일차적 자료제시 : 일반성과 사례, 설명식과 탐구식
- 이차적 자료제시 : 맥락, 선수학습, 암기법, 도움말, 표현법, 피드백

## 7. ④

수업 과제를 구체적으로 분석하여 사전에 수업목표를 설정하는 것은 객관주의 관련 교수법이다.

## 8. ②

Likert 척도에서는 응답자에 대한 몇 개의 문항을 합하거나 평균을 계산하여 분석할 수 있다.

## 9. ③

해설 : 주어진 내용에서 성적이 가장 높은 점수를 파악하기 위해서는 표준점수(Z점수)를 통해서 가능하다. 각각의 점수를 Z점수로 환산하면
① 국어 : 84-78=6
　　6/5 = 1.2
② 영어 : 82-69=13
　　13/6.5 = 2
③ 수학 : 76-66=10
　　10/4.5 = 2.2
④ 과학 : 83-71=12
　　12/6 = 2

## 10. ③

교육을 위한 행정은 학교 교육의 독자성, 자율성을 강조한 것이다.

## 11. ③

1) 민츠버그(Mintzberg)의 전문적 관료제의 구조이론
　① 현업핵심층(operating core) : 조직구조의 하부에 위치하며, 고객에게 제품이나 서비스를 생산하거나 제공하는 인력이다. 공장의 조립라인 근로자, 병원의 의사와 간호사, 항공기의 승무원, 학교의 교사 등이 여기에 속한다.

## 12. ④

ⓒ 교육정책 결정은 환경 속에서 제기되는 교육문제 해결을 위한 최선의 대안을 선택하는 것이므로 문제의 인지로부터 출발한다. ② 이어서 관련자료를 수집해서 분석하고 ⓓ 문제해결을 위한 구체적 대안을 작성(탐색하고 평가해서 ㉠ 그 중에서 최선의

대안을 선택해서 ⓜ 실행한다. ⓛⓒⓓ㉠까지 정책(의사)결정과정으로, 보나 넓은 개념으로는 대안의 실행까지 포함)

## 13. ①

피고용인으로서의 역할 : ① + 애교심
전문적인 역할 : ②③④ + 전문적인 지식의 적용, 지도

## 14. ①

① 하버마스 : '생활세계 (lifeworld)'
② 리오타르 : 소서사, 주체성
③ 푸코 : 광기, 권력과 지식
④ 데리다 : 해체, 차연

## 15. ④

국자감의 교육내용에는 잡학(기술학)이 포함되어 있었으나, 성균관의 교육내용에는 포함되어 있지 않았다.

## 16. ②

신교육사회학의 해석적 접근은 인과 법칙의 발견을 주목적으로 하지 않는다.

## 17. ④

④ 문화지체 : 비물질문화가 물질 문화의 급속한 변동을 따라가지 못하면서 상대적으로 뒤처지는 현상
① 문화실조 : 문화적인 환경이 결핍되거나 시기적으로 적절하지 못해서 인지·사회·정서 발달에 지장을 초래하는 것
② 사회이동 : 개인 또는 집단이 어떤 사회적 위치에서 다른 사회적 위치로 이동 또는 변화하는 현상
③ 문화전승 : 어떤 행동양식이 학습에 의해 어떤 집단에 유지되어 집단 내에서 다음세대로 전해져 가는 현상

## 18. ④

중학교의 장은 해당 학교 교원 및 학부모의 의견을 수렴하여 자유학기제의 실시 여부를 결정할 수 없다.

## 19. ②

학교운영지원비는 사부담공교육비에 해당한다.

## 20. ④

제4조(평생교육의 이념)
① 모든 국민은 평생교육의 기회를 균등하게 보장받는다.
② 평생교육은 학습자의 자유로운 참여와 자발적인 학습을 기초로 이루어져야 한다.

③ 평생교육은 정치적·개인적 편견의 선전을 위한 방편으로 이용되어서는 아니 된다.

④ 일정한 평생교육과정을 이수한 자에게는 그에 상응하는 자격 및 학력인정 등 사회적 대우를 부여하여야 한다.

## 국가직 모의고사 15회

| 1 | ③ | 2 | ① | 3 | ④ | 4 | ④ | 5 | ① |
|---|---|---|---|---|---|---|---|---|---|
| 6 | ④ | 7 | ③ | 8 | ④ | 9 | ② | 10 | ③ |
| 11 | ② | 12 | ① | 13 | ③ | 14 | ② | 15 | ④ |
| 16 | ③ | 17 | ② | 18 | ④ | 19 | ④ | 20 | ④ |

## 1. ③
- 잠재적 교육과정의 중립적 관점 : 잭슨, 드리븐, 김종서
- 잠재적 교육과정의 급진적 관점 : 일리치, 보울즈와 긴티스, 애플, 지루

## 2. ①
재개념주의자들은 교육과정을 학교에서 배우는 교과목이나 경험을 넘어 '삶의 궤적(軌跡)(course of life)'으로 간주한다.

## 3. ④
① 자기효능감 : 과제를 성공적으로 수행하는 데 요구되는 개인의 능력에 대한 자신의 판단 또는 신념이다.
② 자기효능감 요인 : 성공경험, 모델링, 사회적 설득, 심리적 상태

## 4. ④
① MMPI, MBTI는 자기보고식 성격검사이다.
② 웩슬러(Wechsler) 지능검사는 언어성 검사 이외에 동작성 검사를 포함하고 있다.
③ 투사적 성격검사는 구조화되지 않은 모호한 자극 제시를 통해 내적 심리상태를 파악한다.
④ MBTI는 융의 성격유형을 근거로 한 16가지 성격 유형 분류에 활용된다.
로르샤흐(Rorschach) 잉크반점검사는 잉크를 떨어뜨려 만들어진 그림 10장을 피험자에게 보여주는 방식으로 그림에 대한 자유로운 반응을 통해 개인의 내면세계를 파악한다.

## 5. ①
② 글레이서(Glasser)의 현실주의 이론은 책임있는 행동이 성공적인 자아정체의식을 효과적으로 형성한다고 가정한다.
③ 엘리스(Ellis)의 합리적 - 정서적 치료이론은 인지적 측면의 합리성과 정의적 측면의 정서, 행동주의의 원리를 절충한 방법이다.
④ 프로이드(Freud) 정신분석이론은 인간을 원본능, 자아, 초자아의 세 가지 자아상태로 구성된 존재로 간주한다. 이에 인간이 가진 신체적 욕구와 심리적 욕구들은 다른 사람과의 교류를 통해서만 충족될 수 있다고 강조한다.
에릭 번(E. Berne)의 교류분석이론은 자아 상태(ego-state)를 어버이 자아(P), 어른 자아(A), 어린이 자아(C)로 나누어 이들 간의 관계를 규명하였다.

## 6. ④
- 실행 - 프로그램을 현장에서 사용하고 유지 관리하는 활동

## 7. ③
시공을 초월한 교육이 가능하므로 융통성이 풍부하다.

## 8. ④
④ 형성 평가 : 교사가 제작하여 수업 진행 중 학생들의 학업성취도나 행동 특성을 측정한다.

## 9. ②
포트폴리오(Portfolio)란 자신이 쓰거나 만든 작품을 지속적이면서도 체계적으로 모아둔 개인별 작품집 혹은 서류철을 이용한 평가 방법이라 할 수 있다. 평가방법은 단편적인 영역에 대해 일회적으로 평가하지 않고 학생 개인의 변화 발달과정을 종합적으로 평가하기 위해 전체적이면서도 지속적으로 평가하는 것을 강조하는 것으로 '수행평가의 대표적인 방법 중의 하나고 각광받고 있으나 채점의 객관성이나 신뢰성이 낮다'는 문제점을 지니고 있다.

## 10. ③
③ 학교는 규범사회와 같이 역할과 인성이 동일한 비중으로 행사되고 있다.

## 11. ②
관련된 내용은 변혁적 리더십으로 학교 경영은 학교의 변화를 주도하기 위하여 교사들의 행동을 관리하기보다 구성원들의 성장과 잠재력 발전에 관심이 있다.

## 12. ①
②③ 인력 수급에 의한 접근방법 -미래에 (산업체 등에서 소요될 인력을 추적하여 교육기획을 수립 ④ 수익률접근법

**13.** ③

맹자<孟子>의 진심장 '盡心章'(上篇)에 처음 등장 : "君子有三樂得天下 英才行教育之三樂也"

**14.** ②

① 아동 존중의 원리를 채택한다. : 진보주의
② 교육을 통한 사회 개조를 중시한다. : 재건주의
③ 지식이나 신리의 영원성을 강조한다. : 항존주의
④ 실제적인 삶의 문제를 해결하는 데 초점을 둔다. : 진보주의

**15.** ④

향교와 서원이 일상적 강학의 장소로서 제 기능을 발휘하지 못해 서당이 발달하였다.

**16.** ③

능력업적·실적주의·귀속주의·연고주의·정실주의는 사회경제적 보상이 개인의 능력이나 업적에 따라 분배되어야 한다는 것으로 자본주의 사회의 계층에 대한 기능이론의 핵심이다. 이는 개인주의, 경쟁의 공정성과 개방성을 전제로 한다. 학교는 개인의 재능과 노력에 따라 공정한 보상을 한다.(기능론의 능력주의 교육관)

**17.** ②

문화식민지이론(문화제국주의이론, 교육종속이론)은 과거 무력에 의한 제국주의와 식민주의는 표면적으로 사라졌으나, 내면적으로는 교육을 통하여 식민시대의 유산을 지속시켜 문화 제국주의를 형성한다고 보는 이론이다.
① 문화적 재생산론 : 상류층의 문화가 보편적 가치 기준이 되어 지배계급 학생에게 유리하게 작용하고 있으며, 궁극적으로 자본주의 사회의 계급적 불평등을 은밀히 재생산하고 있다.
③ 문화헤게모니 : 학교의 일상생활에 속에 침투된 숨은 교육과정은 계급 간의 모순을 은폐하는 헤게모니가 작용하고 있으며, 학생 들은 은연중에 기존의 불평등한 체제를 정당한 것으로 받아들이게 된다.
④ 기술 기능이론 : 복잡한 산업사회에서 점차 기술의 수준이 높아감에 따라 학교는 사회의 구성원이 제 역할을 다할 수 있도록 인지적 능력, 전문적 기술과 지식을 가르쳐야 한다고 주장한다.

**18.** ④

가. 자아정체성과 자신감을 가지고 자신의 삶과 진로를 스스로 설계하며 이에 필요한 기초 능력과 자질을 갖추어 자기주도적으로 실아갈 수 있는 자기관리 역량
나. 문제를 합리적으로 해결하기 위하여 다양한 영역의 지식과 정보를 깊이 있게 이해하고 비판적으로 탐구하며 활용할 수 있는 지식정보처리 역량
다. 폭넓은 기초 지식을 바탕으로 다양한 전문 분야의 지식, 기술, 경험을 융합적으로 활용하여 새로운 것을 창출하는 창의적 사고 역량
라. 인간에 대한 공감적 이해와 문화적 감수성을 바탕으로 삶의 의미와 가치를 성찰하고 향유하는 심미적 감성 역량
마. 다른 사람의 관점을 존중하고 경청하는 가운데 자신의 생각과 감정을 효과적으로 표현하며 상호협력적인 관계에서 공동의 목적을 구현하는 협력적 소통 역량
바. 지역·국가·세계 공동체의 구성원에게 요구되는 개방적·포용적 가치와 태도로 지속 가능한 인류 공동체 발전에 적극적이고 책임감 있게 참여하는 공동체 역량

**19.** ④

① 품목별 예산제도는 정책이나 계획수립이 용이하고 집행에 있어서도 융통성을 기할 수 있다. : 성과주의
② 성과주의 예산제도는 공무원의 재량권을 제한하기 위해 만든 제도이다. : 품목별
③ 기획 예산제도는 장기적인 예산 편성에 적합하다.

**20.** ④

평생교육은 학습자의 필요와 실용성을 존중하여야 한다.

MEMO

MEMO